中国电信多媒体客服实务：业务能力

主　编 ◎ 丘金平
副主编 ◎ 魏　萌　乔　艳
参　编 ◎ 黄少崇　阮瑞华　张华利
熊　伟　郭海涛

西南财经大学出版社
Southwestern University of Finance & Economics Press
中国 · 成都

图书在版编目(CIP)数据

中国电信多媒体客服实务.业务能力/丘金平主编.—成都:西南财经大学出版社,2021.4
ISBN 978-7-5504-4683-0

Ⅰ.①中… Ⅱ.①丘… Ⅲ.①移动通信—通信企业—商业服务—中国—教材 Ⅳ.①F632.4

中国版本图书馆 CIP 数据核字(2020)第 244531 号

中国电信多媒体客服实务:业务能力

ZHONGGUO DIANXIN DUOMEITI KEFU SHIWU:YEWU NENGLI

主　编　丘金平

副主编　魏　萌　乔　艳

责任编辑:李晓嵩

责任校对:杜显钰

封面设计:何东琳设计工作室

责任印制:朱曼丽

出版发行	西南财经大学出版社(四川省成都市光华村街 55 号)
网　　址	http://www.bookcj.com
电子邮件	bookcj@swufe.edu.cn
邮政编码	610074
电　　话	028-87353785
照　　排	四川胜翔数码印务设计有限公司
印　　刷	郫县犀浦印刷厂
成品尺寸	185mm×260mm
印　　张	11.75
字　　数	199 千字
版　　次	2021 年 4 月第 1 版
印　　次	2021 年 4 月第 1 次印刷
印　　数	1— 2000 册
书　　号	ISBN 978-7-5504-4683-0
定　　价	40.00 元

前言

现代企业最核心的竞争力是质量与服务，而获取竞争优势的唯一途径就是达到服务的最高标准——超出客户预期。因此，优秀的企业必须拥有一大批能够传导企业服务理念、彰显企业服务品质的优秀员工。严格规范的岗前培训、严谨准确的服务督导和严密精细的品质改善是优秀员工成长的基石。这就需要企业与学校在一线服务员工培训、在校学生培养和业务流程再造等方面的协调配合与不懈努力。

本书由清远工贸职业技术学校丘金平主编，学校教师和企业导师共同组成课程开发小组。本书围绕校企合作企业中国电信10000号深圳区域中心业务范围，对中国电信目前的业务类别进行全面介绍，内容针对性较强且较为全面，以培养学生的服务能力与业务能力为目标。通过本书的学习，学生能够了解中国电信固定电话业务、中国电信宽带业务、中国电信无线业务、中国电信套餐业务、中国电信星级服务标准、中国电信账务服务等。本书主要用于中国电信10000号客户服务代表岗前培训，同时也可以作为通信运营专业学生的专业课教材。

本书共7章，第1章为中国电信固定电话业务，第2章为中国电信宽带业务，第3章为中国电信移动业务，第4章为中国电信账务类业务，第5章为中国电信客户品牌，第6章为中国电信星级服务，第7章为中国电信客户密码，全书内容覆盖了中国电信的基本业务知识。

本书附录是按章设置的复习题库，可以检测学生的学习效果，使学生巩固业务知识，提升业务水平。

在本书的编写过程中，我们将社会主义核心价值观融入教材之中，引导学生将社会主义核心价值观植根于心，并以学生课堂活动和实践教学为载体，将社会主义核心价值观外化为实践活动，促进学生养成良好的个人品质和职业道德。由于编写时间仓促，加之编者水平有限，书中难免有疏漏之处，恳请读者批评指正。同时，随着实践发展的需要，我们还将对教材内容进行不断更新和完善。

编者

2021年3月

目录 CONTENTS

1　中国电信固定电话业务

1.1 固定电话的概念及分类

（1）定义：中国电信固定电话通常被称为“座机”，是指用户单独使用并占有一个独立的电话号码，与他人进行语音交流。固定电话的应用十分广泛。固定电话广泛存在于家庭、企业中，用于满足人们的异地联络需求。

（2）特点：有线接入，使用直接方便、话音清晰、通话可靠。

（3）固定电话按用户类型分类如下：

①住宅用户固定电话，即安装在个人住宅内的无经营性质的固定电话。

②商业用户固定电话，即家庭用户规定范围以外的用户，主要有企事业单位、机关团体等办公用的固定电话及个体工商户安装在办公地点或经营性场所的固定电话。

（4）固定电话按业务类型分类如下：

①后付费固定电话。

②预付费固定电话。

③一线通（ISDN，已下线）。

④汇线通。

⑤模拟中继。

1.1.1 后付费固定电话

（1）定义：后付费固定电话是指一个用户单独使用并占有一个独立的电话号码，适合广大家庭和政企客户的日常使用，话费低廉、语音清晰、申请安装流程简单。

（2）新装固定电话工料费：100 元/号。工料费不含电话机，电话机由用户自行选购。

（3）特点：先消费，之后月结缴费。

1.1.2 预付费固定电话（APS 电话）

（1）定义：预付费固定电话是先充值后使用的固定电话，通话完毕实时扣减话费。用户开户并预先缴费。预缴话费用完时，系统自动停止预付费电话的电信服务。用户余额不足或有效期到期，预付费固定电话即进入休眠期（暂停服务状态），无法打进打出。休眠期为 90 天。

（2）APS 电话充值：从 2012 年 5 月 1 日起，中国电信取消话费账户余额有效期。无月租、非融合套餐且未办理最低消费包的客户仍存在有效期（见表 1-1。）

表 1-1　有效期

充值金额/元	≤10	11~30	31~50	51~100	101~199	≥200
有效期天数/天	0	60	90	180	240	360

注：预付费固定电话（APS、随我行）进入休眠期后再充值时，不是从休眠期开始计算有效期，而是从充值之日起开始计算有效期。充值后用户可以激活之前已过期的余额，但有效期不顺延。余额有效期上限为 360 天。

（3）新装固定电话工料费：100 元/号。工料费不含电话机，电话机由用户自行选购。

新装预付费固定电话需要一次性预存 300 元。

（4）通话资费如表 1-2 所示。

表 1-2　通话资费

项目	自由套餐（非月租方式）	经济套餐（月租方式）	备注
月租费	免费	住宅：20 元/月 商企/个体办公：35 元/月	①月结日统一为每月 1 号 ②首月收租：按照当月剩余天数分摊收租 ③次月收租：在月结日一次性收取全月月租 ④对于暂停服务和终止服务状态的用户，每月不再扣取月租
来电显示	免费	6 元/月	
区内通话	0.20 元/分钟	前 3 分钟 0.22 元，之后每分钟 0.11 元	区内通话含呼叫本网固定电话、呼叫深圳网通、深圳铁通固定电话以及呼叫除 118330 之外的特服号码
拨打本地移动电话及其他增值业务电话	0.30 元/分钟	0.20 元/分钟	含呼叫本地手机，增值业务不包括呼叫一号通
境内、境外直拨/IP 长途电话	现行通话标准 注：APS 的 IP 长途电话费是将接入费和通话费合在一起计收的，即 IP 费+0.11 元/分的市话接入费（适用自由套餐和经济套餐用户）		

1.1.3 一线通（ISDN）①

（1）定义：一线通（ISDN）是指在一根后付费固定电话线上提供语音、数据、图像等的综合性业务。技术实现上最多可连接 8 台终端或电话，其中有 2 台终端可以同时使用。例如，一部电话、一台计算机或一台数据终端同时使用。一线通是传统意义上的窄带数据业务。

随着中国电信宽带业务的广泛使用，自 2004 年 11 月 15 日起，一线通业务停止受理新装。一线通可换装为后付费固定电话，用户需要到中国电信营业厅申请换装。用户可以通过 10000 号办理营销类变更业务。

（2）特点：远端供电，即在本地不接电源的情况下，由交换机提供电源供一线通终端设备工作。

1.1.4 汇线通

（1）定义：汇线通是指利用集中用户小交换机［虚拟用户交换机（centrex）］，对机关团体、商业机构、厂矿企业、人口密集的商住区以及其他需要集中用户小交换机的企事业单位用户开放，通过市话交换机将部分用户（包括 ISDN，5 条线路及以上）组成一个基本用户群，为其提供电话通信服务。客户无需购买设备，除拥有后付费固定电话、一线通和小交换机的所有功能外，同时还拥有汇线通的一些特殊功能。

（2）申请规则如下：

①新申请需 5 条线路及以上。

②只能以公司名义申请，不能以个人名义办理。

③可以通过客户经理、营业厅办理。

（3）汇线通特殊功能如下：

①来电转接。群内 centrex 用户或群外的用户 A 呼叫 centrex 用户 B 时，用户 B 摘机应答后，通过规定的操作，可以将呼叫转接至 centrex 群内的任一用户。

②话务员服务（呼叫话务员坐席）。群内 centrex 用户可以拨打规定的字冠、话务员引示号码呼叫话务员坐席，群外用户可以拨打话务员引示号码呼叫话务员坐席。话务员坐席具有排队功能。根据用户要求，话务员坐席的呼叫可以转接至 centrex 群内的任一用户。

---

① 已下线，只有存量用户。

③秘书服务。centrex 用户 B 可以登记将所有的呼叫转移至 centrex 用户 C，即呼叫 centrex 用户 B 的电话由 centrex 用户 C 代答。centrex 用户 C 摘机应答后，可以根据要求将呼叫转接至 centrex 用户 B。

④同组代答。同组代答，即将同一 centrex 群内的每一用户群分成若干个用户组，当一个用户组内的任一分机来电无应答时，可以由用户组内其他用户通过规定操作代答此用户组内正在振铃的分机来电（若同时有多个分机振铃，则代答优先级以振铃的先后顺序为准。使用同组代答时，代答用户无需指明被代答的分机号码）。

例如，用户 A、用户 B、用户 E 在同一组内，用户 C（群内或群外）拨打用户 A，用户 A 不摘机，用户 B 摘机听拨号音后，拨打激活码，用户 A 停止振铃，用户 C 和用户 B 建立正常通话，代接成功。又如，用户 C 拨打用户 A 后，用户 D（群内或群外）又拨打用户 E，用户 B 摘机听拨号音后，拨打激活码，用户 C 和用户 B 建立正常通话（代接第一个通话）。

⑤指定代答。某一分机来电无应答时，同一用户群内的其他分机通过规定的操作，可以被指定为代答的分机，代为应答正在振铃分机的来电。

例如，用户 A、用户 D 不在同一组内，用户 C（群内或群外）拨打用户 A，用户 A 不摘机，用户 D 摘机听拨号音后，拨打激活码（含用户 A 的分机号），用户 C 和用户 D 建立正常通话，代接成功。

（4）汇线通、后付费固定电话、APS 电话的区别如表 1-3 所示。

表 1-3 汇线通、后付费固定电话、APS 电话的区别

	后付费固定电话	APS 电话	汇线通
缴费方式	先消费后月结缴费	先预存费用后消费	先消费后月结缴费
是否要预存费	否	新装需预存 300 元	否
新装部数要求	无	无	5 部及以上
申请类型	个人、政企客户	个人、政企客户	政企客户
号码特征	一个 8 位数号码	一个 8 位数号码	一个 8 位数号码+4 位数短号

1.1.5 模拟中继

（1）定义：模拟中继是固定电话的一种，适用于商业用户，一般与用户小交换机配合使用，利用多台电话实现连选功能，对外将多台电话统一为一个电话号码。外线呼入时需另外拨分机号才能与分机通话，同时通话的分机数量受限于模拟中继线的数量。

（2）适用客户：政企用户。

1.2 固定电话资费

1.2.1 一次性费用

一次性费用如表 1-4 所示。

表 1-4 一次性费用

项目		资费
一次性费用	后付费固定电话新装	100 元/部
	APS 电话新装	100 元/部+300 元预存
	汇线通新装	100 元/部
	迁移	同楼移机：50 元/次 跨楼移机：100 元/次
手续费	过户	10 元/（号·次）
	改号	100 元/（号·次）

1.2.2 固定电话月租费用

固定电话月租费用如表 1-5 所示。

表 1-5 固定电话月租费用

项目		费用/元	备注
后付费固定电话	住宅	20	当月月租 =（月基本费/当月自然月天数）×当月使用天数（含当天），向下取整精确到分
	商业	35	
	汇线通	25	
APS 电话	经济套餐住宅	20	
	经济套餐商业	35	
	自由套餐	0	
模拟中继	—	100	

1.2.3 通话资费——以深圳为例

本地资费如表 1-6 所示。

表 1-6 本地资费

类别	计费等级	资费标准	备注
后付费固定电话、有月租 APS 电话、一线通、汇线通、模拟中继	呼叫本地固定电话	前 3 分钟 0.22 元，之后每分钟 0.11 元（3+1 标准）	区内通话含呼叫本网固定电话、呼叫深圳网通、深圳铁通固定电话以及呼叫除 118330 之外的特服号码和声讯号码
	呼叫本地移动电话以及其他增值业务	每分钟 0.2 元	含呼叫深圳移动、深圳联通手机，增值业务包括呼叫一号通
无月租 APS 电话	呼叫本地固定电话	每分钟 0.2 元	区内通话含呼叫本网固定电话、呼叫深圳网通、深圳铁通固定电话以及呼叫除 118330 之外的特服号码和声讯号码
	呼叫本地移动电话以及其他增值业务	每分钟 0.3 元	含呼叫深圳移动、深圳联通手机，增值业务包括呼叫一号通

注：①本地用户呼叫 110（公安）、112（市话故障报修）、119（火警）、120（急救）、122（交通事故）、10000 号以及 200、800 等特服号码，免收通话费。

②以上收费标准中，实行 3 分钟一次制的，不足 3 分钟按 3 分钟计；实行 1 分钟一次制的，不足 1 分钟按 1 分钟计。

境内长途资费如表 1-7 所示。

表 1-7 境内长途资费

拨打方向	时段	
	07:00~24:00	00:00~07:00
境内	0.07 元/6 秒	0.04 元/6 秒

注：不足 6 秒按 6 秒计算，不分省内、省外。

1.3 长途业务

1.3.1 直拨长途

1.3.1.1 境内长途

直拨境内长途是指境内本地网与本地网之间相互通话的语音服务，无需加拨 17909 等前缀。

固定电话用户可以自行选择是否开通长途直拨功能。拨打方法如下：

① 拨打异地固定电话：0+长途区号+对方固定电话号码。

② 拨打异地移动电话：0+对方移动电话号码（天翼手机用户拨打无需加“0”）。

2017 年 5 月 1 日起，中国电信长途电话按照集团新公布的统一直拨资费标准执行（见表 1-8）。

表 1-8 资费标准

项目	7:00~24:00 时	0:00~7:00 时
境内	0.07 元/6 秒（全价）	0.40 元/分（6 折）

注：每 6 秒为一次计费（不足 6 秒按 6 秒计），3 秒以内的超短通话不计费。

1.3.1.2 境外长途

境外长途是指各地用户与其他国家或地区用户之间的通话。国际直拨电话（international direct dialling，IDD）也称国际自动电话，固定电话用户可以自行选择是否开通境外长途功能。

境外长途拨打方法如下：

① 拨打固定电话：00+国家（地区）代码+城市代码+电话号码。

② 拨打移动电话：00+国家（地区）代码+移动电话号码。

1.3.2 17909IP[①] 长途

1.3.2.1 定义

17909IP 长途是中国电信推出的一项 IP 电话业务，电话只需具备境内、境外长途权限功能，用户拨打长途时加拨 17909 即享受 IP 长途电话资费优惠。17909IP 长途业务适用于中国电信固定电话、天翼手机、智能卡（IC 卡）等，暂不对磁卡、投币电话等开放。17909IP 长途业务无需申请，具备境内、境外长途权限功能的电话都可使用。

1.3.2.2 使用方法

用户拨打境内长途电话的使用方法如下：

（1）被叫号码类型为固定电话号码：17909 + 0 + 长途区号 + 对方电话号码。

（2）被叫号码类型为移动电话号码：17909+0+对方移动电话号码（主叫方为手机用户的，拨打时无需加“0”）。

用户拨打境外长途电话的使用方法如下：

（1）被叫号码类型为固定电话号码：17909 + 00 + 国家代码+地区代码 + 对方电话号码。

（2）被叫号码类型为移动电话号码：17909+00+国家代码+对方手机号码。

境外 17909IP 长途电话资费标准如表 1-9 所示。

表 1-9 境外 17909IP 长途电话资费标准 单位：元/分钟

国家或地区	直拨资费	IP长途电话资费
中国境内	0.7	0.3
中国香港特别行政区	0.49	0.49
中国澳门特别行政区、中国台湾地区	0.99	0.99
波多黎各、加拿大、美国、印度、韩国、关岛、维尔京群岛（美属）、文莱、百慕大群岛、墨西哥、马来西亚、新加坡、冰岛、柬埔寨、蒙古、泰国、塞浦路斯、匈牙利、德国、哥伦比亚、巴基斯坦、马耳他、孟加拉国	0.49	0.49

① IP，即网际互联协议（internet protocol）。

表1-9(续)

<table>
<tr><th>国家或地区</th><th>直拨资费</th><th>IP长途电话资费</th></tr>
<tr><td>塞班岛、爱尔兰、以色列、荷兰、瑞典、芬兰、瓜得罗普岛、罗马尼亚、马提尼克、马约特岛、日本、法国、越南、多米尼加、印度尼西亚、哥斯达黎加、老挝、科威特、乌兹别克斯坦、埃及、不丹、葡萄牙、荷属圣马丁、毛里求斯、斯洛伐克、留尼汪岛、澳大利亚、巴拉圭、新西兰、纳米比亚、沙特阿拉伯、巴林、菲律宾、丹麦、也门、叙利亚、荷属安的列斯群岛、土耳其、法罗群岛、委内瑞拉、列支敦士登、捷克、尼日利亚、西班牙、巴哈马、挪威、尼泊尔</td><td>0.99</td><td>0.99</td></tr>
<tr><td>英国、巴拿马、玻利维亚、马拉维、马里亚纳群岛</td><td rowspan="6">6.88</td><td>3.6</td></tr>
<tr><td>奥地利、阿联酋、秘鲁、俄罗斯、阿布卡茨、阿尔巴尼亚、阿尔及利亚、阿富汗、阿根廷、阿拉斯加、阿鲁巴岛、阿曼、阿塞拜疆、埃塞俄比亚、安道尔、安圭拉岛、安提瓜和巴布达、巴巴多斯、巴勒斯坦、巴西、贝宁、波利尼西亚、波斯尼亚和黑塞哥维那、伯利兹、博茨瓦纳、布基纳法索、布隆迪、赤道几内亚、迪戈加西亚岛、东萨摩亚(美)、多哥、多米尼加、厄瓜多尔、梵蒂冈、斐济、佛得角、冈比亚、格林纳达、格鲁吉亚、圭亚那、海地、洪都拉斯、吉尔吉斯斯坦、几内亚、加纳、加蓬、津巴布韦、波兰、喀麦隆、哈萨克斯坦、开曼群岛、科科斯岛、科克群岛、法属圭亚那、科摩罗、科特迪瓦、克罗地亚、拉脱维亚、黎巴嫩、立陶宛、利比里亚、利比亚、卢森堡、卢旺达、马达加斯加、马尔代夫、马其顿、毛里塔尼亚、蒙特塞拉特岛、密克罗尼西亚、摩尔多瓦、摩纳哥、莫桑比克、南奥塞梯、南非、南极洲、黑山、塞尔维亚、南苏丹、尼加拉瓜、尼日尔、帕劳、萨尔瓦多、塞拉利昂、塞舌尔、圣诞岛、圣克里斯托弗和尼维斯、圣马力诺、圣皮埃尔和密克隆岛、圣文森特岛、斯里兰卡、斯洛文尼亚、斯威士兰、苏丹、苏里南、塔吉克斯坦、坦桑尼亚、汤加、特克斯和凯科斯群岛、特立尼达和多巴哥、突尼斯、土库曼斯坦、瓦利斯和富图纳、危地马拉、维尔京群岛(英属)、乌干达、乌克兰、乌拉圭、夏威夷、新喀里多尼亚、希腊、牙买加、亚美尼亚、伊拉克、伊朗、约旦、意大利、赞比亚、扎伊尔、乍得、直布罗陀、智利、中非</td><td rowspan="2">4.6</td></tr>
<tr><td>其他国家或者地区</td></tr>
<tr><td>瑞士、爱沙尼亚、安哥拉、白俄罗斯、保加利亚、比利时、刚果(金)、卡塔尔、肯尼亚、莱索托、马里、缅甸、摩洛哥、塞内加尔、圣卢西亚</td><td>7.6</td></tr>
<tr><td>阿森松、朝鲜、厄立特里亚、格陵兰岛、吉布提、马绍尔群岛、圣赫勒拿、西萨摩亚</td><td>12</td></tr>
<tr><td>巴布亚新几内亚、东帝汶、马尔维纳斯群岛、古巴、基里巴斯、几内亚比绍、瑙鲁、纽埃岛、诺福克岛、所罗门群岛、索马里、图瓦卢、托克劳群岛、瓦努阿图、圣多美和普林西比、库克群岛</td><td>15</td></tr>
</table>

注：①此资费不包含国际海事卫星、铱星及其他卫星电话。

②国际海事卫星代码为所有 870 开始的号码。

③表 1-9 中的 IP 长途电话资费标准仅限于 17909、17908、17901 的境外长途部分（固定电话用户拨打：IP 长途电话资费+本地通话接入费）。本地通话接入费按区内话费收取。预付费固定电话的本地接入费按每分钟 0.11 元收取。其他用户按前 3 分钟 0.22 元、以后每分钟 0.11 元收取。

1.3.3 IP 电话直拨业务——11808 长话优惠

1.3.3.1 定义

11808 长话优惠是指用户在使用中国电信的固定电话、天翼手机以及小灵通拨打长途时，仅需加拨 11808 即可享受低价优惠。11808 长话优惠业务无需申请，具备境内、境外长途权限功能的电话都可使用。

1.3.3.2 使用方法

用户拨打境内长途电话的使用方法如下：

（1）被叫号码类型为固定电话号码：11808 + 0 + 长途区号 + 对方电话号码。

（2）被叫号码类型为移动电话号码：11808+0+对方移动电话号码（主叫方为手机用户的，拨打时无需加“0”）。

用户拨打境外长途电话的使用方法如下：

（1）被叫号码类型为固定电话号码：11808 + 00 + 国家代码+地区代码 + 对方电话号码。

（2）被叫号码类型为移动电话号码：11808+00+国家代码+对方手机号码。

后付费固定电话 11808 长话优惠资费标准如表 1-10 所示。

表 1-10 后付费固定电话 11808 长话优惠资费标准

单位：元/分钟

<table>
<tr><th>国家或地区</th><th>拨打对象</th><th>单次通话时长≤10 分钟</th><th>单次通话时长>10 分钟</th></tr>
<tr><td>中国香港特别行政区、美国、新加坡、泰国</td><td>固定电话、移动电话</td><td>0.29</td><td>0.19</td></tr>
<tr><td>加拿大、韩国、马来西亚、中国澳门特别行政区</td><td>固定电话、移动电话</td><td rowspan="2">0.79</td><td rowspan="2">0.39</td></tr>
<tr><td>日本、澳大利亚、法国、德国、中国台湾地区</td><td>固定电话</td></tr>
<tr><td>英国</td><td>固定电话</td><td rowspan="2">0.99</td><td rowspan="2">0.79</td></tr>
<tr><td>中国台湾地区</td><td>移动电话</td></tr>
<tr><td>中国境内</td><td>固定电话、移动电话</td><td>0.29</td><td>0.09</td></tr>
<tr><td colspan="2">其他境外方向</td><td colspan="2">暂不开放</td></tr>
</table>

预付费固定电话 11808 长话优惠资费标准如表 1-11 所示。

表 1-11　预付费固定电话 11808 长话优惠资费标准

单位：元/分钟

<table>
<tr><th>国家或地区</th><th>拨打对象</th><th>单次通话时长≤10 分钟</th><th>单次通话时长>10 分钟</th></tr>
<tr><td>中国香港特别行政区、美国、新加坡、泰国</td><td>固定电话、移动电话</td><td>0.29</td><td>0.19</td></tr>
<tr><td>加拿大、韩国、马来西亚、中国澳门特别行政区</td><td>固定电话、移动电话</td><td rowspan="2">0.79</td><td rowspan="2">0.39</td></tr>
<tr><td>中国台湾地区</td><td>固定电话</td></tr>
<tr><td>中国台湾地区</td><td>移动电话</td><td>0.99</td><td>0.79</td></tr>
<tr><td>中国境内</td><td>固定电话、移动电话</td><td>0.29</td><td>0.09</td></tr>
<tr><td colspan="2">其他境外方向</td><td colspan="2">暂不开放</td></tr>
</table>

1.3.4　IP 电话直拨业务——96688 长话优惠

1.3.4.1　定义

96688 长话优惠是指用户通过固定电话、市话通等以 96688 为接入号拨打长途，享受（闲时、忙时）长途资费优惠的业务。用户无需申请，只要电话有长途功能，就可享受 96688 长话优惠。

1.3.4.2　目标客户

96688 长话优惠业务适用于具有境内、境外长途权限的所有固定电话客户，不开放给天翼手机客户、公话终端和各类电话卡客户。

1.3.4.3　使用方法

拨打境内长途电话的使用方法如下：

（1）被叫号码类型为固定电话号码、小灵通号码：96688 + 0 + 长途区号 + 对方电话号码。

（2）被叫号码类型为移动电话号码：96688+0+对方移动电话号码。

拨打境外长途电话的使用方法如下：

（1）被叫号码类型为固定电话号码：96688+00+国家代码+地区代码+对方电话号码。

（2）被叫号码类型为移动电话号码：96688+00+国家代码+对方手机号码。

96688 长话优惠资费标准如表 1-12 所示。

表 1-12　96688 长话优惠资费标准　　单位：元/6 秒

国家或地区	96688 长话优惠	
	忙时资费	闲时资费
中国境内	0.05	0.02
中国香港特别行政区	0.1	0.03
美国、加拿大、新加坡	0.1	0.05
马来西亚、泰国、韩国、俄罗斯	0.16	0.08
中国台湾地区、中国澳门特别行政区	0.15	0.09
日本、印度、印度尼西亚、菲律宾、越南、德国、英国、澳大利亚	0.32	0.16
丹麦、法国、瑞典、意大利、荷兰、挪威、芬兰、瑞士、比利时、西班牙、尼日利亚、马里	0.36	0.28
其他国家或地区	0.78	0.78

注：①96688 闲时指工作日 20:00 至次日 08:00 以及周六、周日、法定节假日的全天。

②96688 忙时指闲时以外的其余时段。

③跨越优惠时间点的通话按发起时间的资费计算。

1.4　固定电话基础业务

1.4.1　来电显示

（1）定义：来电显示是中国电信专为后付费固定电话、预付费固定电话、汇线通（centrex）电话、一线通（ISDN）、公寓电话用户推出的功能。开通此功能后，来电号码自动显示在话机屏幕上，让人一目了然。用户即使错过来电也能通过号码记录回拨，避免来电丢失。

（2）月租：6 元/月。当月月租 =（月基本费/当月自然月天数）×当月使用天数（含当天）。

（3）生效时限：3 小时内。

（4）申请途径：用户可以通过欢 go、10001 号、10000 号以及营业厅办理。

1.4.2　呼叫转移

（1）定义：呼叫转移是中国电信专为后付费固定电话、预付费固定电话、汇线通（centrex）电话、模拟中继单机、一线通（ISDN）用户推出的一项业务。用户可以按需要设置遇忙转移、无应答转移、无条件转移，将来电转移到指定电话上接听，不错过重要的电话。

（2）月租：0 元。生效时限：3 小时内。

（3）申请途径：用户可以通过欢 go、10001 号、10000 号以及营业厅办理。

（4）产品功能如表 1-13 所示。

表 1-13　产品功能

名称	业务内容
遇忙转移	操作设置后，当有电话打入，而用户的电话正在通话时，来电将转移到指定的电话上。例如，当 A 呼叫 B，而 B 正忙的时候，A 的来电就转移到 B 预先设定的电话上
无应答转移	操作设置后，当有电话打入，而用户的电话无人接听时，铃响 20 秒后来电将转移到设定的电话上。例如，当 A 呼叫 B，而 B 无应答，铃响 20 秒后，A 的来电就转移到 B 预先设定的电话上
无条件转移	操作设置后，无条件将所有来电转移到设定电话上，避免用户耽误接听电话。例如，当 A 呼叫 B，A 的来电将转移到 B 预先设定的电话上

（5）操作方法。

①后付费固定电话、预付费固定电话、模拟中继、一线通电话呼叫转移操作方法如表 1-14 所示。

表 1-14　后付费固定电话、预付费固定电话、模拟中继、一线通电话呼叫转移操作方法

业务类型	无条件转移	无应答转移	遇忙转移
登记	*57*号码#	*41*号码#	*40*号码#
取消	#57#	#41#	#40#

②汇线通呼叫转移操作方法如表 1-15 所示。

表 1-15　汇线通呼叫转移操作方法

业务类型	无条件转移	无应答转移	遇忙转移
登记	*57*9+号码#	*41*9+号码#	*40*9+号码#
取消	#57#	#41#	#40#

1.4.3 呼出限制

（1）定义：呼出限制相当于给电话加上一把“电子密码锁”，用户可以根据需要，限制对外拨打境内、境外长途电话，从而节省通话费用，或者避免产生不必要的话费纠纷。

（2）月租：6 元/月。生效时限：3 小时内。

（3）特点：深圳地区均不提供市话呼出限制业务。

（4）申请途径：用户可以通过 10000 号以及营业厅办理。

（5）操作方法。

①登记：*54*（K）SSSS #（SSSS 代表 4 位数密码）。

②注销：#54*（K）SSSS #。

需要注意的是，4 位数密码首位不能为 0；用户设置加锁后仍可以拨打 10000 号和紧急特服号码（110、119、120、122）；呼出限制目前只能限制境内、境外长途电话，无法限制市话。

1.4.4 三方通话

（1）定义：三方通话是专为后付费固定电话、汇线通（centrex）电话、一线通（ISDN）用户推出的业务。用户在与一方通话时，如需要第三方加入通话，可以在不中断通话的情况下，呼叫第三方，实现三方共同通话或分别与一方通话。

（2）月租：免月租费。生效时限：3 小时内。

（3）特点如下：

①A、B、C 三方同时通话且同时在线。

②A 分别与 B、C 两方通话，且三方同时在线。

③A 用户在与 B 用户通话时，如需 C 用户参与进来一起谈话，可以在不中断与 B 用户通话的情况下呼叫 C 用户并建立通话线路。

（4）操作方法。

①三方通话。A 用户在与 B 用户通话时，需要与第三方 C 用户通话，A 用户告诉 B 用户拿着话机等待。之后，A 用户按一下叉簧，听到拨号音后，拨 C 用户的电话号码，待 C 用户摘机应答，A 用户再按一下叉簧，听拨号音后拨“3”，即可实现 A、B、C 三方同时通话。

②两方通话不让第三方听到。如果 A 用户想要单独与 B 用户通话并保

留C用户，可以按一下叉簧，听拨号音后，拨“2”即可实现C用户听不到A用户和B用户的谈话。A用户如果想要C用户再加入通话，重复按一下叉簧，拨“3”即可。

③两方讲话不保留第三方。A用户与C用户讲话完毕不需要保留时，可以按一下叉簧，听拨号音后，拨“1”，C用户即可退出。

（5）申请途径：用户可以通过10000号以及营业厅办理。

1.4.5 免打扰

（1）定义：免打扰是一项为避免电话铃声打扰，用户可暂不接听打入电话，所有外来电话将由中国电信代答，用户的电话机不响铃，且用户打电话不受限制的业务。

（2）月租：2元/月。

（3）生效时限：3小时内。

（4）操作方法。

①登记：按*56#。取消：按#56#。

②使用：用户提机听到拨号音后操作，操作后听到证实音，即生效，否则需挂机重新操作。

用户在恢复接听呼入电话时，一定要先做取消操作，否则其他用户无法呼入电话。

③登记生效后，有电话呼入，中国电信的语音将告诉对方现在电话的主人有事，请勿打扰。登记生效后，用户如还需要拨打其他电话，则在听到拨号音后拨号即可。

（5）申请途径：用户可以通过10000号以及营业厅办理。

1.4.6 呼叫等待

（1）定义：呼叫等待是针对后付费固定电话、汇线通（centrex）电话、一线通（ISDN）用户推出的业务，当用户正在与一方通话时，有另一方呼入，用户会听到呼入等待音，用户可以保留之前的通话，与另一方通话。

（2）月租：0元。生效时限：3小时内。

（3）申请途径：用户可以通过10000号以及营业厅办理。

（4）操作方法。

①登记：*58#。取消：#58#。

②使用：用户在通话时可以根据呼入等待提示音判断是否有电话呼入，并据此自由选择通话对象。例如，A 用户正与 B 用户通话时，若遇到 C 用户打电话给 A 用户，A 用户可以在话筒中听到呼入等待提示音，C 用户听到回铃音。这时，A 用户有以下三种选择：

第一，A 用户如果想与 B 用户继续通话，可以按一下叉簧，听到拨号音后拨“0”，此时 C 用户听到忙音。

第二，A 用户如果想与 C 用户通话，并且保留与 B 用户的通话，可以告知 B 用户稍候，之后按一下叉簧，听到拨号音后拨“2”，即可与 C 用户通话。通话完毕，A 用户再按一下叉簧，听到拨号音后按“2”，即可恢复与 B 用户通话。

第三，A 用户如果想结束与 B 用户通话，改与 C 用户通话，可以按一下叉簧，听到拨号音后拨“1”即可。

1.5 固定电话增值业务

1.5.1 七彩铃音

1.5.1.1 普通七彩铃音

（1）业务描述：中国电信天翼手机、固定电话和小灵通用户开通七彩铃音业务后，可以为呼叫自己电话的其他主叫用户预先设置时尚歌曲、幽默言语、佳节问候或企业欢迎语等个性化回铃音，取代单调的“嘟……嘟……”提示音，为拨打电话的人带来独特的音乐和语音感受。普通七彩铃音的月租为 5 元/月。

（2）适用客户：普通七彩铃音适用于中国电信天翼手机、固定电话［包括一线通（ISDN）、预付费电话（APS）、模拟中继和汇线通（交换机型号是 NEC1240 汇线通除外）］用户。

（3）普通七彩铃音不能同时办理以下业务：遇忙回叫、遇忙提示、遇忙寄存呼叫、缺席用户服务、小秘书业务、旺铺助手（网络版）。

（4）申请途径：用户可以通过短信、爱音乐官方网站、118100/118101 电话自助、欢 go 客户端、10000 号、手机客户端、微信公众号“彩铃秀秀”以及营业厅办理。

七彩铃音申请或取消完成后，产品即时生效。

铃音盒订购成功后，48 小时内加载。

（5）固定电话七彩铃音月租如表 1-16 所示。

表 1-16　固定电话七彩铃音月租　　　　单位：元/月

功能	月租费用
七彩铃音	5
铃音盒	0~10
111120 自听铃音	0
七彩铃音“1#复制”	0

1.5.1.2　商务七彩铃音

（1）业务描述：商务七彩铃音（简称商务彩铃）是为政企客户量身定做的七彩铃音业务。商务彩铃可以作为政府、企事业单位对外的统一语音名片，各类政企客户可以根据自身的特点，制作符合本单位需求的特色铃音，让拨打该单位成员的主叫用户在接通等待时收听到统一定制的音乐和语音。

（2）适用客户：商务彩铃适用于所有政企客户。

（3）申请途径：用户可以通过 10000 号、客户经理、微信公众号办理。

用户当月申请完成，产品立即生效。

（4）商务彩铃月租如表 1-17 所示。

表 1-17　商务彩铃月租

名称	资费
商务七彩铃音信息费	3 元/（月·线或户）（固网电话+移动 60 线或 60 户以上，可申请此资费优惠）
	5 元/（月·线或户）（固网电话+移动 40 线或 40 户以上，可申请此资费优惠）
	主推套餐：10 元/（月·线或户）（固网电话+移动 10 线或 10 户以上）
	15 元/月（固网电话+移动 10 线或 10 户以内）
	35 元/（月·线或户）（政企建站、双微产品叠加包月资费）
	60 元/（月·线或户）（政企建站、双微产品叠加包月资费）
	100 元/（月·线或户）（政企建站、双微产品叠加包月资费）
	400 元/（月·线或户）（政企建站、双微产品叠加包月资费
	600 元/（月·线或户）（政企建站、双微产品叠加包月资费）

1.5.2 混合放号

（1）业务描述：混合放号是指固定电话用户办理移机后，可将原号码携带至新地址使用的一项业务功能。用户只需在办理移机时申请混合放号，即可在新地址继续使用原来的电话号码。

（2）适用客户：混合放号适用于后付费固定电话、预付费固定电话、一线通（从号不能申请）、汇线通、模拟中继用户。用户不能同时申请以下业务：第一，移机留号业务；第二，固定电话改号通知音业务。

（3）资费标准：免费。生效时限：24 小时内。

（4）需要注意的是，办理固定电话迁移时，必须和用户确认是否保留号码。

1.5.3 多方通话

（1）业务描述：多方通话是一种全新的电信语音通话服务，适用于中国电信固定电话、后付费天翼手机用户。该业务可实现 2~8 个用户“多对多”同时通话，用户无需申请，直接拨打 118166 接入号便可使用。多方通话操作简便、资费优惠，特别适合个人用户使用，是亲朋好友间聚会聊天、工作伙伴间小组讨论的理想工具。

（2）使用方法：主叫方拨打业务接入号 118166，按语音提示拨打第一个被叫号码，按#结束，按＊继续拨打第二个被叫号码，之后依次拨打第三个、第四个被叫号码。每次拨打下一个被叫号码前，用户需等上一个被叫号码接通后再进行操作。用户（主叫方）最多可以拨打 7 个被叫号码，实现 8 方通话。

（3）费用说明如下：

①后付费用户：拨打本地或境内长途 0.2 元/（方·分钟）；拨打境外长途 1 元/（方·分钟）。

②预付费用户：拨打本地或境内长途 0.5 元/分钟（不分被叫方数量）。

（4）适用客户：中国电信固定电话、小灵通、后付费天翼手机用户。

（5）申请途径如下：

①118166 本地和境内长途通话权限：用户无需申请，可以直接拨打。

②118166 拨打境外长途通话权限：用户可以到营业厅办理。

（6）生效时限：24 小时内。

1.5.4 800 业务

（1）业务描述：800 业务又称为被叫集中付费业务，当主叫用户拨打 800 号码时，对主叫用户免收通信费用，向申请 800 业务的被叫用户集中收费。

（2）适用客户如下：

①800 业务适用于后付费的政企用户和家庭固定电话用户。

②本地及境内 800 业务适用于具有商业目的的公司、商店、民航、宾馆、酒店、银行、保险等服务性企业；境外 800 业务主要适用于跨国的境内外大公司。

（3）产品分类如表 1-18 所示。

表 1-18 产品分类

<table>
<tr><th colspan="2">种类</th><th>呼叫方</th></tr>
<tr><td colspan="2">本地 800 业务</td><td>800 业务客户仅接受本地或本地网（同一区号的城市、郊县）800 来电业务</td></tr>
<tr><td rowspan="3">长途 800 业务</td><td>境内 800 业务</td><td>800 业务客户可接受本地或本地网（同一区号的城市、郊县）和境内长途的 800 来电业务</td></tr>
<tr><td>境外 800 业务</td><td>在境内 800 业务的基础上，接受境外指定一个国家或地区的来电业务</td></tr>
<tr><td>全球 800 业务</td><td>在境内 800 业务的基础上，接受全球任一国家或地区的来电业务</td></tr>
</table>

（4）资费标准如下：

①一次性费用：境内 100 元；境外 200 元；全球 1 500 元。

②月租费用：境内 50 元/月；境外 100 元/（月・号）。

③功能使用费：呼叫阻截、密码接入、呼叫次数限制（每项 20 元/月）。

④通话费：本地网内通话，每分钟 0. 15 元。长途按标准资费收取。

（5）办理渠道：用户可以到营业厅办理。

（6）业务规则如下：

①800 业务登记的电话必须申请主叫显示业务功能才能显示来电号码。

②清单服务。用户目前只能在网上营业厅打印清单，用户登录网上营业厅后，选择“固定电话”，输入 800 业务的电话号码和客户密码，可以查询该 800 业务的月度账单以及清单内容。

③境内 800 业务和境外 800 业务的实际关联号码可以为全国电信网内号码（不可以关联手机号码）。

④用户申请长途 800 业务的电话号码不必有对应的长途功能。

1.5.5 4008、4009 业务

（1）业务描述：4008、4009 业务是指向政企用户及个人用户提供一个可以在全省使用的唯一的 4008、4009 号码，将用户对 4008、4009 号码的呼叫，根据 4008、4009 业务用户事先设定的通话接通规则，接续到指定的电话号码上的智能网业务。

（2）适用客户：4008、4009 业务适用于要求对外有唯一接入号，实现话费可控、集中支付，设置个性化通信，提升服务形象的政企用户及个人用户，特别适合电话交易、订货、购物、业务咨询介绍、订房、订票、订餐、送餐、租车等行业使用。

（3）主要功能如下：

①唯一号码功能。用户申请 4008、4009 业务时，中国电信分配给用户在全省使用且唯一的 4008、4009 号码。该号码可以让用户事先设定好通话接通规则，把呼叫接续到指定的电话号码上。

②语种选择功能。用户可以选择 4008、4009 业务提示音的语种，可以选择普通话、英语两种语言之一。

③个性化语音提示功能。4008、4009 业务用户可以自行设定接续前向主叫电话播放的语音提示。

（4）费用说明：4008、4009 业务的资费标准包括开户费、功能使用费和通话费三部分。以下仅供参考，客户以约定的协议为准。

①开户费（一次性收取）。对每个业务接入号码、每开通一个本地网，一次性收取 100 元。

一次开通全国、全国集中一点接入的，开户费可优惠到 12 000 元/户。

一次开通全国、全国集中大区接入的，开户费可优惠到 16 000 元/号。

②功能使用费如表 1-19 所示。

表 1-19　功能使用费

功能项	标准资费
呼叫阻截	100 元/（号·月）
密码接入	100 元/（号·月）
呼叫次数限制	100 元/（号·月）
个性化广告语、欢迎词	按七彩铃音资费标准收取
个性化语音导航	协议定价
业务变更费	正常业务变更，即在业务正常开通前提下的变更，如变更承接号码，一次性收取 300 元； 定时业务变更（客户指定时间），一次性收取 500 元

（5）办理途径：用户可以联系政企客户经理办理。

1.5.6　电话同振

（1）业务描述：电话同振是中国电信为客户提供的同城市后付费天翼手机和后付费固定电话同时振铃业务，使得这两个电话终端可以同时接收语音来电，一个电话接通后，另一个电话将同时停止振铃。

（2）业务说明如下：

①被关联同振的天翼手机号码必须与申请电话同振业务的固定电话号码为同城市的中国电信号码。

②用户不能同时申请以下业务：个人通信助理、固定电话改号、呼叫转移、转接、秘书类业务功能、旺铺助手（网络版或单机版）、漏话提醒。

（3）产品功能如下：

①用户办理电话同振业务后，当其他人拨打用户的固定电话时，用户所关联的天翼手机将同时振铃。用户可以选择固定电话或天翼手机接听电话，一个电话接通后，另一个电话将同时停止振铃。

②目前，固定电话同振业务仍存在一个功能缺陷：当开通电话同振业务的固定电话和其捆绑的天翼手机同时处于非空闲状态时，拨打该固定电话仍将提示正常的接通音。

（4）月租：6 元/月。

①资费标准：中国电信免收固定电话通过电话同振业务转移呼叫关联的天翼手机号码的转接费。

②生效时限：当日申请完毕，产品立即生效。

(5) 申请途径：用户可以通过 10000 号或营业厅办理。

对用户通过 10000 号办理的，按现行的办理鉴权规则执行。10000 号只受理个人用户申请，单位用户需通过营业厅办理。

用户通过营业厅办理：个人用户凭用户密码或有效证件办理；单位用户凭有效证件原件（或加盖公章的复印件）、经办人身份证原件办理，同时在业务申请表上盖单位公章，在电信费用银行代收协议书上盖付款单位财务章或公章以及开户银行章，在单位授权证明上加盖公章。

1.5.7 会易通

(1) 业务描述：会易通又称交互式电话会议，是面向固定电话（包括 IC 卡电话、200 专用电话等）、小灵通、移动电话用户推出的电话会议业务。会易通以高质量、稳定、可靠为基本出发点，以通达全球、与会方多达 960 方、多控制功能为主要特点，满足用户个性化需求，提供强大的会议电话功能。

(2) 适用客户：会易通适用于有电话会议需求的个人及政企客户，如企事业单位、集团企业分支机构、跨国公司、政府办公机构、社会团体等。

(3) 接入号：4008830883。

(4) 办理渠道：用户可以通过客户经理办理。

(5) 资费标准如表 1-20 所示。

表 1-20 资费标准

项目			计时资费	包月资费
会议使用费	呼入	不分本地、境内、境外，统一资费	0.4 元/（分钟・方）	30 元/（月・方）（呼入包月型:不限时,5方起）
	呼出	境内	0.4 元/（分钟・方）	
		境外	（0.3 元+境外长途 IP 资费）/（分钟・方）	
增值服务费	桌面共享	免费		
	录音	免费		
	投票	免费		
	点名	免费		

注：①会易通业务召开会议的方式分为呼入和呼出两种。呼入是指与会者拨打会易通业务的接入号码（4008830883）参加会议；呼出是指会易通平台主动呼叫与会者，将其召集到会议中来。用户可以任意选择这两种方式中的一种。

②会易通的账号类型按照计费方式的不同可以分为两种：计时型和呼入包月型。计时型是指不限制会议的使用方数量，按照每方的呼入或呼出的时长进行计费；呼入包月型是指在受理时选定会议包月方数量 A（必须大于等于 5，每次会议呼入的方数量 B 不能超过该已选定的包月方数量 A），呼入不限制每方的使用时长，按照选定的包月方数量 A 进行计费，呼出则按照每方呼出时长另行计费。

③会议录音保存在会易通平台服务器，用户可以在录制完成后的 7 日内下载，7 日后服务器将自动清除该录音。

1.6 业务变更

1.6.1 固定电话新装

（1）定义：固定电话新装是指一个住宅电话或单位电话单独使用并占用一个独立电话号码的业务。固定电话新装只提供语音业务。固定电话增值业务和基础功能可以在新装机时同时申请。固定电话新装适用于后付费固定电话、预付费固定电话、汇线通（centrex）电话。

（2）费用说明如下：

①固定电话新装工料费：100 元/号。工料费不含电话机，电话机由用户自备。

②新装预付费电话需要一次性预存 300 元。

（3）申请途径：用户可以通过客户经理办理，或者到营业厅办理。

①个人用户凭申请人有效证件、同名开户的银行账号、详细的装机地址、联系电话办理。

②单位用户凭营业执照或事业编码证资料、对公扣款账号资料办理。

（4）办理说明如下：

①申请当月按天收费（从安装完工当天起算到月底），之后每月按自然月结算。住宅电话以 20 元月租为基准，非住宅电话以 35 元月租为基准。

②同一身份在同一地址申请的固定电话不得超过 3 部（针对以个人名义申请的用户）。

1.6.2 固定电话改号

（1）定义：固定电话改号是指后付费固定电话、汇线通（centrex）电话、一线通（ISDN）、预付费固定电话（APS、随我行）、公寓（CZ）电话用户对当前的电信号码不满意或因为其他问题想换一个新的号码的业务。

（2）费用说明：收取一次性费用 100 元/（号 · 次）。

（3）申请途径：用户可以通过 10000 号以及营业厅办理（汇线通改短号、改引示号只能到营业厅办理）。

（4）业务说明如下：用户致电 10000 号要求在线改号并提供可选号码

查询时，客户服务代表可以根据用户需求灵活提供 5 个号码供用户选择并办理改号。

（5）办理说明：当日申请完工，24 小时内生效。

1.6.3 固定电话过户

（1）定义：固定电话过户是指后付费固定电话、汇线通（centrex）电话、模拟中继单机、一线通（ISDN）、预付费固定电话（APS、随我行）用户的号码使用权发生变更的业务。号码的使用人以电信登记为准。电信登记的号码使用人为号码在电信业务系统中所登记的产权客户。

（2）费用说明：收取一次性过户费用 10 元/（次・号）。

（3）申请途径：用户可到营业厅办理。

（4）业务说明如下：

后付费固定电话可以互相过户，即单位电话可以和个人电话互相过户。

汇线通电话过户中，单位用户不得过户给个人用户，个人用户可以过户给单位用户。

汇线通电话过户中，如果只是部分电话过户，必须 5 部（含 5 部）以上的电话才可以过户，同时老用户还需保留 5 部（含 5 部）以上的电话。

在后付费固定电话不受任何套餐限制的情况下，个人用户过户给单位用户时需同时把用户类型改为单位用户；单位用户过户给个人用户时若地址符合住宅类则需同时把地址类型改为私人住宅，不符合则改为商业类型。

（5）办理说明：扣费成功后 24 小时内生效。

1.6.4 固定电话停复机

（1）定义：固定电话停复机是指后付费固定电话、预付费固定电话、汇线通（centrex）电话、模拟中继单机用户、一线通（ISDN）用户暂时不用电话，但需要保留电话号码，办理停机保号的业务。停机保号期间，中国电信只向用户收取停机保号费，不再收取月租，方便用户随时停机、复机。

（2）申请途径如下：

①后付费固定电话、预付费固定电话、一线通（ISDN）用户可以通过手机掌上营业厅、欢 go、10000 号或营业厅办理。

②汇线通（centrex）电话用户可通过 10000 号或营业厅办理。

③模拟中继单机用户可以到营业厅办理。

（3）业务说明如下：

①停机期间的拨打范围：固定电话在欠费停机期间仅可拨打当地 10000 号、10001 号等免费客服电话，110、119、120 等应急电话以及 11888 全国充值电话。除此之外，停机保号期间该电话不能拨打任何电话。汇线通、模拟中继单机、一线通电话在欠费双向停机或停机保号状态下暂时不可以拨打前述电话。

②停机期间的业务办理说明：申请停机期间用户只能办理申请复机、缴费、客户密码重置、密码激活、密码修改、申请拆机相关业务，不能办理其他业务。其他业务需在办理重开后才能办理。

欠费停机期间用户只能办理客户密码重置、缴费以及修改账户相关业务，不能办理其他业务。

预付费固定电话在欠费停机的情况下除更改银行账号外，不能办理其他业务。

③用户超过约定缴费期 30 日仍未缴纳电信费用和违约金的，中国电信将暂停向其提供电信服务，即“双停”。暂停服务次月起不再收取套餐费或基本月租费、功能费。用户在暂停服务 60 日内仍未补缴电信费用和违约金的，中国电信将注销用户号码，终止为其提供服务。终止服务后，用户号码将至少冻结 90 日方可重新启用。

（4）费用说明如下：

①整月停机，停机保号费 5 元/(号・月)。

停复机当月，基本月租按实际开通天数计算。当月月租=(月基本费÷当月自然月天数)×当月使用天数(包含当天)。

②在申请停机保号期间，基本月租免收，附加在该电话上的附加业务费免收。

（5）办理说明：当日申请完成，3 小时内生效。

1.6.5　固定电话移机

（1）定义：固定电话移机是指后付费固定电话、汇线通（centrex）电话、模拟中继单机、一线通（ISDN）、预付费固定电话（APS、随我行）用户所装电话需要迁移变更到新的装机地址时，用户向电信公司提出移机业务申请，电信公司根据用户要求和资源情况，及时为用户进行电话迁移的业务。

（2）费用说明如下：

①一次性费用：从2013年8月14日起，固定电话移机工料费为100元/次（对固定电话在同一楼栋范围内的移机，工料费为50元/次）。

②办理迁移时，如果电话类型发生了改变，当月电话月租按变更前后的月租标准分段收取。

（3）申请途径如下：

①后付费固定电话、一线通（ISDN）、预付费固定电话（APS、随我行）用户可以通过10000号或营业厅办理。

②汇线通（centrex）、模拟中继单机用户可以到营业厅办理。

（4）业务说明：电信公司在受理电话迁移时，若涉及电话用户类型变更，按两种情况处理。

①对于单位名称用户，无论迁移到何种地址，电信公司都不可改变其“单位类型”属性。

②对于个人名称用户，电信公司通过装机地址可以判断用户类型的，直接为用户修改用户类型（住宅、个体）；通过装机地址无法判断用户类型的，可以根据用户所述情况改为个体或住宅。装机人员上门安装时，会进一步核实用户类型并修改。

汇线通移机是电话已开通使用的汇线通用户申请将群中个别分机在群内改变装机地址或整群改变装机地址的业务。汇线通移机包括群中个别分机移机、整群移机。

（5）办理说明：用户办理固定电话移机时，如果电话类型发生了改变，那么当月电话月租按变更前后的月租标准分段收取。例如，电话从住宅地址迁移到单位地址，在当月17日迁移完工，则当月1至16日按住宅用户月租标准折算收费，17日至月底最后一天按单位用户月租标准折算收费。

（6）迁移流程如下：

①办理人员验证客户密码或核对资料。

②办理人员询问用户是否要保留号码。

③办理人员询问用户新地址、联系电话，告知用户迁移资费及注意事项。

④办理人员通过场景助手录单。

⑤办理人员发送迁移短信提醒。

⑥扣费成功24小时内，安装人员联系用户预约装机。

1.6.6 固定电话改银行账号

（1）定义：固定电话改银行账号是指用户更改固定电话号码关联的银行账号资料，或者更改缴费银行账号。

（2）费用说明：免费办理。

（3）申请途径：用户可以通过拨打10000号或到营业厅办理。

个人用户（不含汇线通、中继线用户）可以凭用户密码，通过10000号人工办理与机主名称一致的账户的银行账号更改（仅可改为原缴纳电信费用的银行账号，如需改为新账号，需到营业厅办理）。代付款托收业务需到营业厅办理。

固定电话单位用户及汇线通用户需前往电信营业厅办理。

（4）业务说明如下：

①固定电话代付款说明。个人用户可以代个人用户付款，不能代单位用户付款；单位用户可以代个人用户付款，也可以代单位用户付款。

②合同标识下余额未使用完，客户办理银行账号变更的处理流程。对于合同标识下银行账号仍有余额，客户服务代表已建议并提醒用户，而用户仍坚持变更银行账号的，客户服务代表除按常规流程办理银行账号变更外，还应引导用户到营业厅做余额过户处理。

（5）生效说明：当月银行账号更改完成，新的银行账号立即生效（用户可以通过新的银行账号缴费）。

1.6.7 固定电话拆机

（1）定义：固定电话拆机是中国电信专为后付费固定电话、汇线通（centrex）电话、模拟中继单机、一线通（ISDN）、预付费固定电话（APS、随我行）、公寓（CZ）电话用户推出的业务，是指用户取消固定电话号码及电话线路租用权，停止使用中国电信固定电话服务产品的业务。

（2）申请途径：用户可以到有拆机业务的营业厅办理。

（3）业务说明如下：

①受理预拆机且双向停机60天后，系统自动做取消处理。固定电话拆机后，号码冻结90日后方可回收重新启用。

②用户申请拆机后，号码进入存续期，拆机存续期间（30天内）用户可申请取消拆机，恢复正常使用。

③10000 号不办理取消拆机申请业务，客户服务代表应引导用户到原受理渠道办理。

④如果汇线通用户要求只拆除部分线路，那么用户最少需要保留 5 部汇线通。

⑤如果中继线用户要求只拆除部分线路，那么用户最少需要保留 3 条中继线。

如果用户来电咨询拆机，那么客户服务代表需要进行拆机挽留。

复习与思考：

1. 用户可以分为哪几种类型？
2. 固定电话按用户可以分为哪几种类型？
3. APS 电话与后付费固定电话最大的区别是什么？
4. 申请汇线通至少要几条线路？
5. 用户能否以私人名义申请汇线通？
6. 固定电话的基本月租费是多少？
7. 汇线通的基本月租费是多少？
8. 固定电话新装当月月租费如何收取？
9. 直拨境内长途的资费是多少？打折时段是什么时候？
10. 固定电话同楼迁移多少钱一次？
11. 后付费固定电话拨打本地固定电话 4 分 33 秒如何收费？
12. 后付费固定电话早上 8 点直拨北京电话如何收费？
13. 后付费固定电话用 17909 拨打北京电话如何收费？
14. 后付费固定电话用 11808 拨打台湾电话如何收费？
15. 后付费固定电话用 96688 拨打泰国电话如何收费？
16. 后付费固定电话如何拨打境外移动电话？
17. 来电显示取消以后多久生效？
18. 固定电话无应答呼叫转移是在铃响多少秒无人接听后转移？
19. 呼出限制月租多少钱？
20. 呼出限制可以限制拨打市话吗？
21. 三方通话月租多少钱？
22. 免打扰月租多少钱？
23. 呼叫等待申请以后多久生效？

24. 家庭固定电话的彩铃多少钱一个月？
25. 混合放号申请以后多久生效？
26. 取消多方通话 118166 拨打权限多久生效？
27. 预付费固定电话用户使用 118166 呼叫境内号码如何收费？
28. 4009 业务通过什么途径办理？
29. 单位用户可以通过 10000 号申请电话同振吗？
30. APS 电话新装时一共需要缴纳多少钱？
31. 汇线通改短号可以通过 10000 号办理吗？
32. 单位的汇线通电话可以过户给个人吗？
33. 固定电话暂停期间可以重置客户密码吗？
34. 汇线通号码迁移可以通过 10000 号办理吗？
35. 个人可以代单位付费吗？
36. 固定电话办理拆机以后，号码多久会释放出来，供重新使用？

2 中国电信宽带业务

2.1 宽带业务基础知识

2.1.1 天翼宽带

2.1.1.1 定义

天翼宽带产品是中国电信为用户提供的宽带接入类产品的总称，适用于家庭或企业网关、无线上网卡、天翼手机等多种接入终端。中国电信通过统一的天翼宽带客户端接入有线和上网卡，为用户提供“无处不在”的网络接入能力；通过客户端集成的简便实用的多种应用（统一通信录、短信、天翼 Live、网盘、电脑安全、天翼视讯、189 邮箱等），带给用户“无所不能”的应用感知。

2.1.1.2 目标客户

天翼宽带产品主要面向对有线或无线高速上网有一定需求的客户。

2.1.1.3 接入方式

用户使用个人电脑（PC）、手机可以通过以下方式接入天翼宽带网络。

（1）有线宽带接入。在有中国电信（ADSL、FTTX 和 FTTB+LAN 等）有线宽带接入环境的地方，用户可以选择有线宽带网络接入方式。中国电信天翼宽带用户可以将申请套餐时获得的天翼宽带账号（手机号或固定电话号码）作为有线宽带接入账号。

（2）Wi-Fi 接入。在中国电信 Wi-Fi 热点、境内外合作运营商 Wi-Fi 热点、家庭无线等无线网络环境中，用户使用 PC、手机可以通过使用天翼宽带客户端、Portal① 页面、手机 Wi-Fi 客户端接入中国电信无线 Wi-Fi 热点提供的无线网络。用户可以通过手动输入账号与密码的方式，或者通过基于 UIM（接入网络系统标识）卡统一认证的方式接入中国电信 Wi-Fi 网络。用户手机（C+W）在 Wi-Fi 网络环境中可以采用统一认证方法接入 Wi-Fi 网络。

（3）第四代移动通信技术（4G）接入。在 4G 网络环境中，用户可以选择连接 4G 网络。用户将 4G 上网卡插入 PC，或者将 4G 手机通过数据线与 PC 相连，待天翼宽带客户端自动搜索到 4G 网络，点击“连接”按钮，

---

① Portal 是链路、内容和为用户可能找到的感兴趣的信息的指南服务的集合。

在认证通过后即可成功连接互联网。用户也可以使用手机通过4G网络上网。

（4）第三代移动通信技术（3G）接入。在3G网络环境中，用户将“EVDO”上网卡插入PC，或者将“EVDO”手机通过数据线与PC相连，待天翼宽带客户端自动搜索到3G网络，点击“连接”按钮，在认证通过后即可成功连接互联网。用户也可以使用手机通过3G网络上网。

（5）1X接入。在1X网络环境中，用户可以选择连接1X网络。用户将“EVDO/1X”上网卡插入PC，或者将“EVDO/1X”手机通过数据线与PC相连，待天翼宽带客户端自动搜索到1X网络，点击“连接”按钮，在认证通过后即可成功连接互联网。用户也可以使用手机通过1X网络上网。

2.1.1.4 网络速度基础知识

（1）线路速度。线路速度又称带宽，是指一般网络服务商对外宣传的网络速度，如100M的宽带、4G网速100M等，其中的“100M”实际上是“100Mbit/s”（通常缩写为“100Mb/s”），单位为“bit/s”（比特每秒）。带宽就像一条公路的宽度，带宽越宽，下载速度越快。

（2）下载速度。下载速度，即单位时间内下载数据量的大小，形容下载一定量数据包的快慢。下载速度的单位为“Byte/s”（字节每秒，通常缩写为“B/s”）。1Byte=8bit，因此100M带宽的网络理论下载速率为100Mb/s÷8=12.5MB/s，也就是100M带宽的网络每秒钟可下载12.5MB的数据量。（注意：大写字母B是速度，小写字母b是带宽）

100M的宽带下载1G的电影需要多长时间？

下载速度=100Mb/s÷8=12.5MB/s

下载时间=1 024MB÷12.5MB/s=81.92s

单位换算如下：

1KB=1 024B

1MB=1 024KB

1GB=1 024MB

1TB=1 024GB

1B=8bit

2.1.2 固网宽带

固网宽带包含非对称数字用户线（ADSL）、局域网（LAN）、光纤及其融合接入方式。中国电信不再区分接入方式（带宽作为产品属性与对应的销售品资费匹配)，而由后台自动根据资源情况选择接入方式。

2.1.2.1　ADSL

(1) 定义。非对称数字用户线 (asymmetrical digital subscribe line, ADSL) 是利用现有的双绞铜线 (后付费固定电话线)，以上行、下行非对称的传输速率接入互联网，上行 (从用户到网络) 为低速的传输，可达 1Mbps；下行 (从网络到用户) 为高速传输，可达 12Mbps。ADSL 主要采用频分复用技术。

(2) 特点。ADSL 特点如下：

①ADSL 具有独享带宽，上网速度不会因用户数量剧增而受影响。

②ADSL 安装简单，不用重新布线。

③ADSL 提供灵活的接入方式 (专线方式和虚拟拨号方式)，满足不同用户的需求。

(3) 接入方式和应用。ADSL 目前可以提供虚拟拨号接入和专线接入两种接入方式。使用该业务时，专线接入用户直接开机即可上网，虚拟拨号用户则要通过拨号软件，即要在电脑上运行一个专用客户端软件，通过身份验证后，才可上网。

用户通过 ADSL 接入因特网，可以进行视频点播、多人游戏、举行视频会议、接受远程医疗、观看股市行情以及和用户进行网间互联等，感受丰富的宽带应用。

(4) 终端设备。新入网宽带用户 (铜线接入)，需要调制解调器 (MODEM) 设备接入。

2.1.2.2　LAN

(1) 定义。局域网 (local area network, LAN) 技术主要采用以太网技术，以信息化小区的形式为用户服务，在中心节点使用高速交换机，为用户提供光纤到小区 (FTTZ) +网线到户的宽带接入。

(2) 特点。LAN 特点如下：

①超高速上网。用户共享上网速率可达 100M/10Mbps。

②网络可靠、稳定。楼道交换机和小区中心交换机、小区中心交换机和局端交换机之间通过光纤相连，网络稳定性强、可靠性好。

③安装方便。住宅小区、写字楼内采用综合布线，无需设备，即插即用。

(3) 接入方式。任何两个 LAN 用户间可以组建虚拟专用网。专线接入用户在使用时直接开机即可上网；虚拟拨号用户申请 LAN 虚拟拨号，通过拨号软件，即要在电脑上运行一个专用客户端软件，通过身份验证后，才可上网。

2.1.2.3 VDSL

（1）定义。超高速数字用户线路（very-high-bit-rate digital subscriber loop，VDSL）宽带业务是指中国电信利用一对到达客户的电话线提供高速宽带上网服务。向客户提供的下行带宽最高达30Mbps、上行带宽最高达30Mbps。

（2）特点。VDSL的特点如下：

①上网终端需要VDSL调制解调器（VD猫）。

②VDSL接入方式一般需申请20M宽带套餐。

2.1.2.4 FTTX

（1）定义。光纤接入（FTTX）是指以光纤为传输媒介，为家庭、小型商业机构等终端用户提供接入到电信端局的服务，具有信息复用和解复用功能。FTTX提供的带宽是目前普遍使用的ADSL的100倍，而且增强了网络对数据格式、速率、波长和协议的透明性，放宽了对环境条件和供电等方面的要求，简化了维护和安装，是实现语音、视频、数据三网合一最好的解决方案。FTTX有多种方式，最主要的有光纤到办公室、光纤到大楼和光纤到家，即通常所说的FTTO、FTTB和FTTH。

（2）特点。FTTX的特点如下：

①传输距离远。光纤连接距离可达70千米。

②传输速度快。光纤接入能够提供10Mbps、100Mbps、1 000Mbps的高速带宽。

③损耗低。因为光纤介质的制造纯度极高，所以光纤的损耗极低。通信线中可以减少中继站的数量，提高了通信质量。

④抗扰能力强。光纤是非金属的介质材料，作为传导介质，不受电磁干扰。

（3）分类。FTTX分类如表2-1所示。

表2-1 FTTX分类

名称	业务内容
FTTH	FTTH是指光纤到户，是英文“fiber to the home”的缩写。
FTTO	FTTO是指光纤到办公室，是英文“fiber to the office”的缩写。
FTTB	FTTB是指光纤到大楼，是英文“fiber to the building”的缩写。

2.2 固网终端

2.2.1 基本规则

2.2.1.1 铜缆 ADSL 接入

调制解调器（英文名 modem），俗称“猫”，是一种计算机硬件，实现计算机的数字信号和可延后付费固定电话线传送的模拟信号之间的互相转换。

2.2.1.2 光纤及 LAN 接入

（1）FTTH/FTTO 接入。用户需要缴纳一次性接入费。电信公司提供光猫给用户使用。

（2）FTTB+LAN（FTTB）/LAN 接入。不需要设备，如用户有多个终端同时上网，可以自行购买路由器。

2.2.1.3 VDSL 接入

办理 VDSL 接入，用户需缴纳一次性接入费。电信公司提供 VD 猫给用户使用。

2.2.2 终端类型

各接入方式业务受理场景对应终端类型如表 2-2 所示。

表 2-2 各接入方式业务受理场景对应终端类型

接入方式	终端类型	终端来源	最大带宽	终端产权	备注
ADSL/FTTB+DSL	无线猫	用户自备	12M	产权归电信公司，拆机需归还	带 Wi-Fi 功能的无线多口铜猫终端设备
	普通猫	用户自备		电信公司代购，归属权为用户	无 Wi-Fi 功能
VDSL	VD 猫	—	30M	产权归电信公司，拆机需归还	—
FTTH、FTTO	E8-C	电信公司提供	1 000M	产权归电信公司，拆机需归还	光猫带 Wi-Fi 功能。若用户申请 200~1 000Mb 宽带，电信公司提供 1 000M 猫
FTTB+LAN	无需终端	—	100M	—	—

2.3 宽带增值业务

2.3.1 IP电视

2.3.1.1 IP电视基础知识

(1) 定义。IP电视（IPTV）是从2012年6月26日起，中国网络电视台、深圳广播电影电视集团和深圳电信共同推出的基于“三网融合”的新一代交互式宽带视频服务，家庭及政企客户都可以通过宽带网络，享受IP电视提供的高清、互动、丰富的精彩视频内容。

(2) 申请途径。用户可以通过10000号或营业厅办理。

(3) 账号设置。IP电视具备网络接入账号和业务账号两种账号。

业务账号规则如下：

①账号名为0755+系统随机生成的具有唯一性的8位号码。

②账号用途为设置和关联机顶盒。

网络接入账号规则如下：

①账号名为“[SZIPTVXXXXXX]@iptv.gd”。

②账号用途为用户在IP电视直接拨号的情况下需要使用此账号。

(4) IP电视功能如下：

①电视直播。电视直播业务是IP电视的基本业务之一，包括120路高清及标清直播频道，还有各省级卫视以及金鹰卡通等多套卫星频道，云集国内优秀电视直播节目。

所有直播频道可以提供长达2小时的“时移”功能。用户只需轻轻按一下“暂停”“后退”“快进”等按键，即可实现对实时直播的节目进行暂停、后退、快进等操作。

②电视回看。全部直播频道支持7天精选电视节目回看。用户不用再因为错过节目播出时间而懊恼不已，可以随时回放精彩节目。

③电视点播。以深圳地区为例（下同），电视点播服务包括新闻名栏、“深视”精品、电影天地、电视剧场、第一体育、科教纪录、娱乐时尚、财经视界、健康生活、金色童年、法治空间、高清视场、旅游城市、数字人文等栏目，总片量超过20 000小时，并保持每周500小时的节目更新。

④特色功能。IP 电视利用其交互性优势，向用户提供丰富多彩的增值服务。目前，IP 电视可以提供包括电视商城、气象服务、在线游戏、阅读、音乐、在线教育、股票财经、旅游、卡拉 OK、国内外新闻、交通违章等的多种家庭娱乐和休闲类服务，满足家庭用户不同层次的文化娱乐及生活需求。未来，IP 电视可以整合电视挂号，政务信息公开，代收水、电、煤气费用等多种便民增值业务，让广大用户更好地享受 IP 电视增值业务提供的特色服务。

（5）业务说明如下：

①IP 电视业务的办理不受宽带速率限制。无论用户是否有宽带，无论用户宽带速率是否为 12M，用户都可以办理标清或高清 IP 电视。但是，如果用户办理 4K 专区（超清视界），带宽要求为 30M。

②IP 电视与宽带上网业务共享带宽。标准组网模式下，用户同时使用的上网功能和 IP 电视功能互不影响。

③普通铜缆接入的宽带仅能加装 1 台 IP 电视；光纤可以加装的 IP 电视数量不限，但是一个宽带只能关联一台 IP 电视，其他 IP 电视等同单装。

（6）安装调试费为一次性收取 100 元/户。

（7）终端说明。用户缴纳一次性接入服务费，中国电信提供高清机顶盒终端，并上门安装调试，免收 IP 电视的安装调试费。

2.3.1.2 IPTV **子账号（一户多机）**

（1）定义。广东 IPTV 子账号（一户多机）是指具备电信光纤线路资源的广东 IPTV（百视通）、深圳 IP 电视用户，在同一装机地址上，基于其广东 IPTV 主账号叠加的产品所享受的服务与其关联的广东 IPTV 主账号完全一致。

（2）适用客户。IPTV 子账号的适用客户为具备电信光纤线路资源（接入方式为 FTTH、FTTB、FTTO 的其中一种）的 IP 电视用户。

（3）业务说明如下：

①广东 IPTV 子账号需要与主账号为同一用户名称、同一安装地址、同一账户缴费、同一付费类型。

②同一用户、同一装机地址只能开通 1~2 个广东 IPTV 子账号。

③广东 IPTV 子账号（一户多机）只能用于光纤接入，如果是 FTTH 或 FTTO 接入的，需要多口光猫。如果是 FTTB 接入的，根据客户使用的终端情况，只要是多口光猫或路由器即可。在没有多口光猫的情况下，用户需要

自行购买多端口转发器（HUB）或路由器解决子账号问题。

2.3.1.3 **消费密码**

（1）定义。广东 IPTV 消费密码是用于在线订购增值收费产品的验证密码。用户设置广东 IPTV 消费密码后，可以通过机顶盒在电视上使用账单支付、积分支付、微信支付、“翼支付”以订购广东 IPTV 上的增值业务。消费密码可以增强消费安全保护。

（2）业务说明如下：

①为进一步提升增值业务消费透明度，保障用户权益，广东 IPTV 增值业务要求用户在使用账单支付、积分支付时必须使用消费密码进行订购。

②广东 IPTV 主账号消费密码与子账号消费密码可分别设置。

2.3.2 绿色上网

（1）定义。绿色上网是指中国电信后付费宽带用户可以通过网站、手机客户端方式随时管理家庭宽带上网，过滤网络不良信息，控制家庭成员上网时间，引导家庭成员健康合理使用网络。

（2）绿色上网主要功能如下：

①上网时间管理。用户可以通过绿色上网门户网站或微信公众号，设置上网时间。例如，在娱乐时间用户可以访问除不良网址以外的全部网站；在学习时间用户只能访问指定的学习类网站；在非上网时间用户无法访问任何网站。

②不良网址过滤。用户可以过滤网页的不良内容。

③上网健康分析。用户通过对家庭成员（如孩子）的上网行为进行分析，了解其上网情况。

（3）适用客户。绿色上网功能适用于中国电信后付费宽带用户，主要面向有学龄儿童的家庭用户。

（4）申请途径。用户可以通过拨打绿色上网客服热线 4008882009 办理。

2.4 专线、窄带业务

2.4.1 VPDN 组网业务

（1）定义。VPDN 组网业务是一种新型组网业务，面向所有政企客户，是在互联网基础上开放的，基于宽带拨号方式，是以二层隧道技术为主并组建企业虚拟专用网络的一种业务。VPDN 组网业务属于 2M 以下的低速 VPN 产品。目前，用户接入的标准开放速率为 512K 下行和 512K 上行。

（2）适用客户：福利彩票站或体育彩票投注中心。

（3）申请途径：用户可以通过客户经理或营业厅办理。

2.4.2 IP 城域网

（1）定义。IP 城域网，即宽带城域网，是在城市范围内，以 IP 和 ATM① 电信技术为基础，以光纤为传输媒介，集数据、语音、视频服务于一体的高带宽、多功能、多业务接入的多媒体通信网络。IP 城域网能够满足政府机构、金融保险机构、大中小学校、公司企业等单位对高速率、高质量数据通信业务日益增长的需求，特别是快速发展起来的互联网用户群对宽带高速上网的需求。

（2）特点。IP 城域网特点如下：

①传输速率高。

②用户投入少，接入简单。

③静态 IP 地址。

（3）申请途径。用户可以通过客户经理办理。

2.5 其他业务——智能组网（全屋 Wi-Fi）

（1）定义。智能组网又名全屋 Wi-Fi，是中国电信为有 Wi-Fi 组网需求的光纤宽带用户（含他网用户）提供的 Wi-Fi 质量提升服务，包括专业级

① ATM，即异步传输模式（asynchronous transfer mode）。

的 Wi-Fi 环境评测、组网设计、终端销售、调测部署服务，达到 Wi-Fi 覆盖更广、上网更稳定、更快捷的目的。

（2）基本服务内容。智能组网根据用户需求，为用户提供设备或终端选型建议、有线布放及信息箱整理、信息点部署、Wi-Fi 设备简单设置等服务，全面改善宽带网络质量和体验。智能组网的基本服务内容主要包括以下三个方面：

①环境测评服务。中国电信专业工程师利用专业工具对信息点的无线质量进行评测，并出具评测报告。

②组网设计服务。中国电信专业人员与用户充分沟通后，按用户需求进行家庭室内布线、Wi-Fi 组网设计。

③信息点调测服务。中国电信专业人员安装组网无线设备、调试 Wi-Fi 信号，并按照用户要求完成 Wi-Fi 安全方面的设置。

（3）业务说明如下：

①智能组网调测说明。用户申请智能组网服务后，24 小时内中国电信工作人员会与用户联系，约定上门调测时间。一次智能组网服务中，中国电信工作人员提供不超过 3 个信息点的方案设计及调测部署。

②维保服务的说明 。免费维保服务是指用户对智能组网已确认签字后，家庭宽带网络发生故障，中国电信工作人员需重新上门勘测、检查有线布放、调整无线设置，从而恢复网络正常使用。

③智能组网服务是一项综合性的组网解决方案，具体包括多个阶段，即需求沟通、环境评测、组网设计、组网部署、测试验收等，涵盖更专业的服务内容。

④判断家中 Wi-Fi 信号强度的优劣。在测试报告中，Wi-Fi 的场强只是网络质量的一个指标，与实际的吞吐量并没有必然的联系。也就是说，场强高的地方不一定吞吐量就高。

（4）费用说明如下：

智能组网费用有两种方式：一次性收费和月租型收费（如智能组网月调测费优惠）。一次性收费在办理时收清；月租型收费为每月收费，与当月账单合并计费。

（5）申请途径。用户可以通过欢 go、10000 号、客户经理或营业厅办理。

2.6 业务变更

2.6.1 宽带新装

（1）定义。宽带新装是指后付费固定电话、一线通（ISDN）、预付费固定电话、公寓（CZ）电话、汇线通、200 专用电话的用户在自行选定的地址中申请使用宽带业务。用户可以选择在同一地址同时申请固定电话和宽带业务或单独申请宽带业务。

（2）业务说明如下：

①对于已欠费（停机）的用户新装宽带，客户服务代表必须引导用户先缴清欠费，否则不予受理。

②同一身份证在同一地址申请的宽带不得超过 3 条。

③单位用户申请宽带新装时，可以使用外地（不含境外）的营业执照办理本地新装业务，银行扣款只能使用本地区的银行账户。如果客户通过现金缴费，也可以办理宽带新装业务。

④宽带速率的说明。客户购买的宽带产品速率是指下行速率，即该产品在网络理想状态下的峰值。网络速率达到峰值的 80% 及以上为达标。例如，2M 速率的产品达到 1.6M 速率以上为达标。若测速结果低于达标值，用户可以通过故障报修解决。

（3）申请途径。用户可以通过欢 go、10000 号以及营业厅办理。

2.6.2 宽带过户

（1）定义。宽带过户是指把当前宽带用户的使用权转给另一个用户，同时信息资料都更换成为新用户的资料。

（2）费用说明。后付费宽带过户免费。预付费和 LAN 宽带过户费用为 10 元/（次·号）。

（3）申请途径。用户可以可通过营业厅办理。

（4）业务说明如下：

①不允许私人住宅用户、商业用户、单位用户之间相互过户。

②以个人名义开户但用户类型为“商业”的宽带，可以过户给单位用户使用。

③单位用户的宽带不可以过户给以个人名义开户、用户类型为“商业”的用户使用。

（5）生效说明。用户当日申请完毕，业务在缴纳费用后的 24 小时内生效。

2.6.3 宽带改拨号密码

（1）定义。宽带改拨号密码业务是中国电信专门为天翼宽带拨号、LAN 拨号、光纤拨号接入的用户推出的业务。宽带改拨号密码是指用户更改宽带拨号账号登录上网的密码。

（2）费用说明。宽带改拨号密码业务免收手续费。

（3）申请途径。用户可以通过欢 go 网站、10000 号以及营业厅办理。

（4）业务说明如下：

①人工进行重置后，办理人员直接向用户播报系统随机产生的拨号密码，并同时发送短信告知用户重置后的随机拨号密码（需要在门户故障模块操作）。

②门户系统重置宽带密码后，用户在 BSS 是查询不到记录的，但可以通过门户查询。

（5）生效说明。用户修改密码、重置密码，当日申请完毕，新密码立即生效。

2.6.4 宽带停复机

（1）定义。宽带停机是中国电信专为天翼宽带拨号、LAN 拨号、光纤拨号接入的用户推出的业务。宽带停机是指用户主动申请停用或由于欠费而引起的停机操作。宽带复机是指已停机用户主动申请或欠费已缴清而重新开通的操作。

（2）费用说明如下：

①包月不限时资费。停复机当月按天收费。

②整月停机。对宽带单产品用户停复机整月按表 2-3 所示资费标准收取端口占用费。

表 2-3 资费标准

业务类型		暂停（整月）	欠停（整月）
拨号宽带	后付费公众用户	5 元/月	5 元/月
	后付费商业用户（个体、单位）	12 元/月	12 元/月
	预付费用户	暂停免收费	—
专线方式		18 元/月	基本月租×20%

（3）生效说明。宽带停复机当日申请完成，3 小时内生效。

（4）申请途径。用户可以通过手机掌上营业厅、欢 go、10000 号以及营业厅办理。

（5）业务说明如下：

①申请停机期间用户只能办理申请复机、缴费、拆机相关业务。

②欠费停机期间用户只能办理宽带缴费及修改账户信息。

2.6.5 宽带移机

（1）定义。宽带移机是指宽带用户需要将宽带迁移到新的装机地址时，向电信公司提出移机业务申请，电信公司根据客户要求和资源情况，及时为客户进行宽带业务的地址迁移。

（2）费用说明。2013 年 8 月 5 日起，政企用户、公众用户的宽带移机一次性费用［包括天翼宽带拨号（原 ADSL 拨号）、LAN 拨号、天翼宽带预付费拨号（原预付费 ADSL 拨号）］为 100 元/次。

（3）申请途径。用户可以通过 10000 号以及营业厅办理。

（4）业务说明如下：

①住宅用户申请迁移时，若迁移地址属于商业地址且属于商业用途，则用户类型需要由住宅用户改为商业用户，用户的套餐也需要修改为商用套餐。以个人或单位名义开户的商业用户可以迁移到住宅区域，但是客户类型和商用套餐类型不能变更。客户服务代表如果遇到需要由住宅地址迁移到商业地址的用户，应引导用户前往营业厅办理。

②以个人名义开户的用户类型为商业用户的宽带，可以迁移给单位用户使用。

③电信公司在办理宽带移机业务的同时可以受理提速、改套餐、续约业务。

④电信公司在为用户受理光纤迁移到铜缆的业务时，应先查看用户的宽带是否有体验速率、是否需要退订现有的体验速率，再受理迁移。如果用户需要退订现有的体验速率，电信公司应先退订体验速率，再为用户办理宽带移机业务。

2.6.6 宽带改银行账号

（1）定义。宽带改银行账号是指用户改用另外一个银行账号托收或更改托收资料。

（2）申请途径。用户可以通过 10000 号（只受理个人用户且与机主同名的账号变更）以及营业厅办理。

（3）业务说明如下：

①用户更改已有银行账号，可以凭用户密码，通过 10000 号或 QQ 客服人工办理。10000 号仅受理与机主同名的账号变更，代付款托收需到营业厅办理。10000 号仅受理个人用户将已有银行账号更改为原划扣过电信费用的银行账号。如果用户要更改为新账号，需到营业厅办理。

②个人用户可以代个人用户付款，不可以代单位用户付款；单位用户既可以代个人用户付款，也可以代单位用户付款。

③合同标识下余额未使用完、用户办理银行账号变更的处理流程如下：对于合同标识下的余额，办理人员应建议并提醒用户，若用户仍坚持变更银行账号，则办理人员除按常规流程办理银行账号变更外，还需引导用户到营业厅做余额过户处理。

2.6.7 宽带拆机

（1）定义。宽带拆机是指利用天翼宽带拨号、预付费宽带、LAN 拨号、光纤拨号等接入方式的用户申请拆机或因欠费、违章以及其他问题拆除相应的终端设备。

（2）申请途径如下：

①用户可以到有拆机业务的营业厅办理。

②线上预约办理。

（3）生效说明：宽带拆机完成后，3 天内失效。

（4）拆机流程如下：

①营业厅办理。欠费停机、黑名单用户缴清欠费后，终端或话费补贴优

惠用户在优惠协议到期后或缴纳相关违约金后，持用户本人有效身份证或相应单位有效证件，携带电信产权的宽带终端前往有拆机业务的营业厅办理。

②线上办理。符合条件的用户可以通过微信公众号、欢 go、10000 号办理宽带拆机。用户预约拆机成功后，24 小时内有工作人员与用户联系办理拆机业务（联系号码为 10000 号），工作人员在联系时会告知用户是否需要退还设备、是否需要补收费用以及是否需要到营业厅办理。

2.6.8 更改用户信息

更改用户信息包括更改用户名和更改用户相关信息。

2.6.8.1 更改用户名

（1）定义。更改用户名是指客户的名称发生改变，宽带的使用权不变。

（2）申请途径。用户可以到营业厅办理。

2.6.8.2 更改用户相关信息

（1）定义。更改用户相关信息是指更改天翼宽带拨号用户资料中的用户信息，如用户的证件类型、证件地址、发证机关、发证日期、证件失效日期、联系人、联系电话等（多数是更改联系人、联系电话）。

（2）申请途径。用户可以通过 10000 号以及营业厅办理。

（3）业务说明如下：

①10000 号只受理联系人和联系电话更改，其他更改需要用户到营业厅办理。

②单位用户只能到营业厅办理。

复习与思考：

1. 铜缆接入地址需要什么猫？

2. 12M 光纤 FTTH 地址需要什么猫？

3. IP 电视节目有几天回看？几小时时移？

4. 铜缆地址可以申请 IPTV 子账号吗？

5. 同一个身份证在同一个地址可以新装几条宽带？

6. 以个人名义开户但用户类型为“商业”的宽带，可以过户给单位用户使用吗？

7. 以个人名义开户但用户类型为“商业”的宽带整月暂停付多少钱？

3 中国电信移动业务

3.1 移动业务基础知识

3.1.1 天翼移动业务

天翼移动业务采用码分多址（CDMA）网络，网络覆盖面广，具有语音清晰、上网速度快、资费便宜、绿色环保、通话保密、抗干扰能力强、种类丰富、优惠多样的特点，适合各种类型用户的日常使用，业务申请灵活、方便简单，业务功能齐全。

2013 年 12 月 4 日，工业和信息化部正式发放 4G 牌照，宣告我国通信行业进入 4G 时代。中国电信、中国移动、中国联通均获得 4G 牌照。

天翼移动业务号段有 133、1349、149、153、173、180、181、189、199、191、177。

3.1.2 天翼网络技术术语名词解释

3.1.2.1 2G

2G 是第二代（second generation）移动通信技术规格的简称。相对于前一代技术直接以类比方式进行语音传输，2G 移动通信系统对语音以数字化方式传输，除具有通话功能外，还对某些系统引入了短信（short message service，SMS）功能。某些 2G 系统也支持资料传输与传真，但因为速度缓慢，所以只适合传输电子邮件、软件等信息。

2G 的国内运营商包括中国电信（CDMA1X）、中国移动（GSM）、中国联通（GSM）。

3.1.2.2 3G

3G，即第三代移动通信技术，是速率更高、带宽更宽、覆盖范围更广的移动通信网络。3G 可提供最高 3.1Mbps 下行和 1.8Mbps 上行的数据传输服务。

3G 的国内运营商包括中国电信（CDMA2000）、中国移动（TD－SCDMA）、中国联通（WCDMA）。

3.1.2.3 4G

4G，即第四代移动通信技术。4GLTE① 系统能够以 100Mbps 的速度下载，上传的速度也能达到 50Mbps，能够满足几乎所有用户对无线服务的要求。2013 年 12 月 4 日，中国电信获得“LTE/第四代数字蜂窝移动通信业务（TD-LTE）”经营许可。2014 年 6 月 27 日，工业和信息化部批准中国电信在国内 16 个城市开展 LTE 混合组网试验。2015 年 2 月 27 日，中国电信获得工业和信息化部的“LTE/第四代数字蜂窝移动通信业务（LTE-FDD）”经营许可，在全国范围内提供 LTE 混合组网服务。

4G 的国内运营商包括中国电信（TD-LTE、LTE-FDD）、中国移动（TD-LTE、LTE-FDD）、中国联通（TD-LTE、LTE-FDD）。

3.1.2.4 4G+

4G+是 4G 技术的进一步演进，即 LTE-Advanced（LTE-A）的简称。4G+利用载波聚合技术（carrier aggregation，CA），能够让 4G 网络速度更快。

中国电信“天翼 4G+”品牌于 2015 年 7 月 3 日正式发布，又称“电信 4G+”。“天翼 4G+”利用载波聚合技术，大幅提升网络速率，支持最高下行速率 300M。

已开通 4G 功能的用户默认开通 4G+功能，无需另外申请。

3.1.2.5 5G

5G，即第五代移动通信技术。5G 业务是基于 5G 网络的各类电信业务，现阶段主要是高速上网业务，下行速率最高为 1 024Mbps，上行速率最高为 100Mbps。5G 最大的优势在于高速率、低时延、大容量等。在同样密集的商业地区，5G 要比 4G 更快、更稳定。

中国电信正在 5G 应用创新方面寻求广泛合作，目前已发展超过 200 家的试验用户和合作伙伴，聚焦政务、制造、交通、物流、教育、医疗、媒体、警务、旅游、环保十大垂直行业的重点业务场景，开展了丰富的 5G 应用创新。5G 网络可以使用 4G 传统业务（语音业务、短信和彩信业务、增值业务、政企产品以及行业应用等），还能够提供基于 5G 高速上网的其他新应用场景及业务：

2C/2H 类业务包括 5G+VR/AR、5G+云游戏、5G+超高清视频、5G+极速云盘、5G+智慧家庭等。

---

① LTE，即长期演进（long term evolution）。LTE-Advance，即 LTE 技术的后续演进。

2B 类业务包括 5G 智慧交管、5G+VR 党建教育、5G+智慧警务、5G 新媒体、5G 智慧教育、5G+生态环保、5G 智能制造等。

后续 5G 新增业务包括高精度的室内定位服务、无人机高清视频回传和远程操控、高准确率低识别时延的 AI 人脸识别、快速交互和低时延的辅助驾驶等。

3.1.3 后付费业务和预付费业务

顾名思义，后付费业务是先消费，再支付费用的业务。后付费业务通常要求用户有一定的信用度，有银行托收、充值、现金等多种缴费方式。

预付费业务是一种内含一定初始话费，无信用度，需要先充值后消费的业务。

预付费天翼手机的生命周期如表 3-1 所示。

表 3-1 预付费天翼手机的生命周期

项目	有效期（正常通话期）	通话限制期 90 天	号码封存期 90 天（冷冻期 90 天）
进入条件	余额>0	余额≤0	在冷冻期内未进行账户充值激活
状态	可以正常接听及拨打电话	当预付费用户账户余额小于 0 元，应暂停提供电信服务，并同时进入 90 日的通话限制期。在通话限制期内，不扣取套餐费或基本月租费、功能费；用户重新充值并恢复正常使用的，当月按整月扣取套餐费或基本月租费、功能费；用户在开始暂停服务当月恢复正常使用的，不重复扣取套餐费或基本月租费、功能费	回收号码，账户内金额列为沉淀收入

预付费天翼手机套卡的激活方法如下：用户登记实名制信息，登记成功后将智能卡插入移动电话并拨打一个扣费电话（必须接通并产生费用）或发送收费短信进行激活。智能卡插入手机后如显示“输入 PIN[①] 码”字样，用户需输入 PIN 码（初始码为 1234），移动电话将会自动寻找并进入中国电信网络。

中国电信不允许主动停机用户（含申请停机、挂失停机）进行充值，用户需先申请复机或解挂，再充值。

① PIN，即个人身份识别码（personal identification number）。

3.1.4　天翼移动业务资费及拨号方式

3.1.4.1　中国电信移动业务资费标准

月租费、境内通话费标准如表 3-2 所示。

表 3-2　月租费、境内通话费标准

收费项目	收费标准
月租费	50 元/月，可按日收取，约 1.67 元/日 （注：无套餐的预付费手机不支付基本月租费）
境内通话费	境内通话 0.15 元/分钟，境内被叫免费

境外长途电话资费标准前已述及，参见表 1-9。

天翼手机用户拨打 10000 号资费标准如表 3-3 所示。

表 3-3　资费标准

用户使用手机拨打客户服务热线	①境内拨打或接听热线免费；境内漫游加区号拨打 10000 号免费，欠费情况下不能加区号拨打，只能直拨。境外漫游拨打或接听 10000 号和 10001 号按普通电话资费标准收费。 ②用户在境内向客服热线发送短信及接收客服热线短信均免费。 ③双模卡用户情况如下： 按照号码段归属，C-G 双模卡客户在 C 网和 G 网均按上述原则计费；G-C 双模卡客户视同 G 网客户，按照联通公司制定的相关标准收费。 ④其他运营商用户拨打 10000 号或 10001 号按照普通电话资费标准收取

3.1.4.2　拨号方式

用户拨打本地及境内号码的方式如表 3-4 所示。

表 3-4　用户拨打本地及境内号码的方式

呼叫对象	拨号方式	举例
拨打本地或外地中国电信手机号码	直接拨打中国电信手机号码	拨打深圳市或外地中国电信手机号码：13 *********
拨打本地或外地中国移动手机号码	直接拨打中国移动手机号码	拨打深圳市或外地中国移动手机号码：13 *********
拨打本地或外地中国联通手机号码	直接拨打中国联通手机号码	拨打深圳市或外地中国联通手机号码：13 *********
拨打本地固定电话号码	直接拨打固定电话号码	拨打深圳市电话(8 *******)，拨打：8 *******
拨打外地固定电话号码	拨打长途区号+固定电话号码	拨打东莞市电话（2 ******* ），拨打：0769+2 *******

用户拨打境外电话的方式如表 3-5 所示。

表 3-5　用户拨打境外电话的方式

呼叫对象	拨号方式	举例
拨打境外固定电话	00+国家代码+地区代码+固定电话号码（注：如果没有地区代码则拨打 00+国家代码+电话号码）	拨打美国固定电话号码（31 ******* ），拨打：00131 ********
拨打境外移动电话	00+国家代码+电话号码	133 用户拨打美国电话（31 ******** ），拨打：00131 ********

3.2　天翼手机国际长途和国际漫游业务

3.2.1　天翼手机国际长途

天翼手机国际长途是指已开通国际长途业务的移动手机用户拨打中国境外的长途电话。目前，用户拨打国际长途号码时有三种拨打方式：直拨、加拨 IP11808、加拨 IP17909。用户根据需要拨打的国家或地区的不同可以选择不同的拨打方式，以享受更低的资费。

预付费天翼手机用户在激活时默认开通国际长途，后付费天翼手机用户需要开通国际长途功能才可以拨打国际长途。

用户当月申请、取消完毕，业务在 24 小时内生效。

用户可以通过 10000 号以及营业厅办理。

拨打方式如表 3-6 所示。

表 3-6　拨打方式

项目	呼叫对象	拨号方式	举例
直拨	拨打境外固定电话	00+国家代码+地区代码+固定电话号码（注：如没有地区代码则拨打 00+国家代码+电话号码）	拨打美国固定电话号码（3106984000），拨打 0013106984000
	拨打境外移动电话	00+国家代码+电话号码	133 用户拨打美国电话（3106984000），拨打 0013106984000

表3-6(续)

项目	呼叫对象	拨号方式	举例
11808	拨打国际长途电话	11808+国际区号+（部分地区需要区域号码）+目的地号码	拨打美国加利福尼亚州国际长途（001-408-8765432），拨打 118080014088765432
17909	拨打国际长途电话	17909/17901+00+国家代码+城市区号+电话号码	拨打美国纽约电话（001-212-23456789），拨打 1790900121223456789 或 1790100121223456789

3.2.2 国际漫游

3.2.2.1 国际漫游业务介绍

国际漫游是指中国电信与中国境外的运营商、服务商直接建立漫游合作和网络连接，为持有中国电信 IMSI（国际移动用户识别码）国际漫游 UIM 卡的用户提供国际漫游服务。目前，该服务已覆盖 200 多个国家和地区，涉及 200 多个电信运营商，并且覆盖范围还将不断扩大。

用户开通国际漫游功能需要同时开通国际长途功能。

境外服务热线（18918910000）承接境外中国电信后付费用户办理国际漫游业务的申请和取消。如果是非境外来电，国际漫游客服中心不为其办理相关业务，但会引导其通过 10000 号、欢 go 网站、掌上营业厅办理。用户在境内和境外拨打或接听 18918910000 均免费。向 18918910000 发送或接收短信也免费。

用户使用国际漫游需要更换 IMSI 国际漫游 UIM 卡（UIM 卡面上印有“zizhu”字样的为 IMSI 国际漫游 UIM 卡），此卡与目前主流 SIM（用户身份识别模块）卡并无区别。更换后，用户打电话、上网、发短信的使用方法和原卡一致。

电信手机号码漫游至 GSM 网络服务国家和地区时，用户如需使用 GSM 网络服务，需将具备双模功能的 UIM 卡放入 G 网手机或双模手机中，才可以在 G 网漫游国家和地区使用 GSM 网络提供的服务。

中国电信自 2020 年 3 月 15 日起启用新版国际漫游卡，入网、补卡、换卡等业务均统一要求使用国际漫游卡，原沃达丰卡就地封存不再使用。但是，国际漫游卡目前不具备支持预付费 OCS 开通国际漫游业务的权限，即使用 IMSI 国际漫游 UIM 卡的预付费用户无法开通国际漫游功能。针对此问题，处理规则如下：

（1）对于原预付费且已开通国际漫游的用户（沃达丰、和记卡等），在涉及补卡、换卡等业务时，10000 号前台应提前告知用户需先取消国际漫游功能才能进行补卡、换卡操作。补卡、换卡后，如用户仍需开通国际漫游功能，需将付费类型由预付费转为后付费。

（2）入网用户如果申请开通国际漫游功能，建议选择后付费。如果用户不要求开通国际漫游功能，可以选择后付费或预付费。

（3）申请途径。用户可以通过微信公众号、短信、欢 go 客户端、欢 go 网站、10000 号、客户经理以及营业厅办理。

①用户如果需要换卡并开通国际漫游业务，需到营业厅办理。

②欢 go 客户端仅支持个人用户使用，政企用户等集体用户暂不能在客户端办理相关业务。

③2018 年 6 月 1 日起已实名登记或实名制认证的后付费用户无需预存费用即可开通国际漫游权限。其中，入网用户默认开通，在网用户可以通过以上申请途径开通。

3.2.2.2 国际漫游业务拨号方式

用户拨打漫游国家或地区电话，以当地拨号方式为准。拨打中国境内固定电话，以漫游地国际接入码+86（中国境内代码）+地区代码（地区代码前不要加 0）+电话号码方式拨打；拨打中国境内移动电话，以漫游地国际接入码+86（中国境内代码）+移动用户号码方式拨打；拨打漫游地以外的其他国家或地区电话，以呼出地国际接入码+呼入地国家或地区代码+地区代码+用户号码方式拨打。

3.3　移动基础业务

3.3.1　呼叫转移

呼叫转移是指当用户不能接听电话时，可以根据需要（目前已开放的呼叫转移功能包括无条件前转、无应答或关机前转、遇忙前转），把来电转移到客户预先设定的号码上（如移动电话、固定电话）。天翼手机呼叫转移与个人通信助理、漏话提醒、旺铺助手不能同时办理。

呼叫转移分类如表 3-7 所示。

表 3-7　呼叫转移分类

名称	内容
无条件前转	手机号码设置此功能后，拨打该号码的所有来电都自动转移到预先设定的号码上（号码需处于正常状态，不能欠费停机或暂停）
无应答或关机前转	手机号码设置此功能后，当用户手机响铃无人应答、手机处于关机或无信号状态时，拨打该号码的所有来电会自动转移到预先设定的号码上（号码需处于正常状态，不能欠费停机或暂停），在呼叫后约 20 秒转移
遇忙前转	手机号码设置此功能后，当用户号码正忙时，拨打该号码的所有来电会自动转移到预先设定的号码上（号码需处于正常状态，不能欠费停机或暂停）

呼叫转移设置方法如表 3-8 所示。

表 3-8　呼叫转移设置方法

名称	操作方式	
	开启方式	取消方式
无条件前转	*72+区号+电话号码+按拨打键（呼叫转移至手机无需加区号）	*720+按拨打键
遇忙前转	*90+区号+电话号码+按拨打键（呼叫转移至手机无需加区号）	*900+按拨打键
无应答或关机前转	*92+区号+电话号码+按拨打键（呼叫转移至手机无需加区号）	*920+按拨打键
取消所有呼叫转移	*730+按拨打键	

呼叫转移月租为0元。呼叫转移资费标准如下：

（1）境内移动业务呼叫转移资费标准。境内呼叫转移不区分用户是在归属地还是漫游地，不区分各种呼叫转移类型。

呼叫转移至境内0.1元/分钟。

移动用户设置了呼叫转移后，接听10000号、10001号、18918910000发起的呼叫免费。

（2）C-G境外漫游呼叫转移资费标准。

无条件前转转移资费标准为基本呼叫转移费0.1元/分钟+用户归属地主叫拨打呼叫转移地的资费标准。

无应答或关机前转、遇忙前转转移资费标准为漫游地接听资费标准+漫游地主叫拨打呼叫转移地资费标准。

呼叫转移生效时限为业务开通后24小时内。

用户可以通过10000号或营业厅办理呼叫转移。10000号不提供呼叫转移目的号码查询服务。

3.3.2 来电显示

天翼手机来电显示是指当有人打电话给用户时，用户手机会显示对方的来电号码的功能。用户可以自主决定是否接听来电，以使自己避免不必要的打扰和麻烦。

来电显示的月租为6元/月。开通、取消来电显示，当月费用按天数收取。

来电显示的生效时限为功能开通后24小时内。

用户可以通过欢go网站、短信、10000号以及营业厅办理。

3.3.3 三方通话

三方通话是指在不中断与对方通话的情况下，呼叫第三方，实现三方共同通话或分别与两方通话。

如果A用户开通三方通话功能，当A用户与B用户通话时，A用户按正常的方式呼叫C用户，此时B用户只能听到“嘟嘟”声，需要A用户按一次拨号键（呼出键），此时三位用户可以同时通话。

三方通话生效时限为功能开通后 24 小时内。

三方通话免月租费。通话费为对所有发起呼叫的主叫方，从接通电话时起均按现行通话费标准计收通话费。

用户可以通过 10000 号、欢 go 网站以及营业厅办理。

用户在开通三方通话的同时要开通呼叫保持和呼叫等待。

3.3.4 呼叫保持和呼叫等待

呼叫保持和呼叫等待是指当用户正在通话的时候，有第三方打入电话，用户可以保留之前的通话，与第三方通话。例如，用户 A 正在与用户 B 通话，此时用户 C 打电话给用户 A，用户 A 可以在话筒中听到呼入等待音，用户 A 可以根据需要保留一方，而与另一方通话。

呼叫保持和呼叫等待的功能介绍如表 3-9 所示。

表 3-9 呼叫保持和呼叫等待的功能介绍

名称	内容
呼叫保持	用户 A 正在与用户 B 通话，此时用户 A 想呼叫用户 C 的电话，用户 A 可以在不中断与用户 B 的通话的情况下，按正常的方式拨打用户 C 的号码，此时用户 B 听到“您现在拨打的电话正在通话，请不要挂机”的提示音。其间，用户 A 可以按发送键，在用户 B 和用户 C 之间反复切换，实现交替通话
呼叫等待	用户 A 正在与用户 B 通话，此时用户 C 呼叫用户 A，用户 A 会听到“嘟嘟”声，并且手机屏幕上显示用户 C 的号码，而用户 C 则听到“您现在拨打的电话正在通话，请不要挂机”的提示音。此时用户 A 按发送键，可以立即接入用户 C 的来电，让用户 B 处于等待状态（用户 B 会听到“您现在拨打的电话正在通话，请不要挂机”的提示音）。其间，用户 A 可以按发送键，在用户 B 和用户 C 之间反复切换，实现交替通话

呼叫保持和呼叫等待的生效时限为业务办理完毕的 24 小时内。

呼叫保持和呼叫等待免月租费，仅收取通话费。

用户可以通过 10000 号、短信营业厅以及营业厅办理。

几种基础业务的对比如表 3-10 所示。

表 3-10 几种基础业务的对比

	申请途径	费用	使用方法	生效时限
来电显示	欢 go 网站、短信、10000 号、营业厅	6 元		24 小时内生效
呼叫保持和呼叫等待	10000 号、短信营业厅、营业厅	免月租费，仅收取通话费	开通：＊74+发送；取消：＊740+发送	
三方通话	欢 go 网站、10000 号、营业厅	免费	如果用户 A 开通三方通话功能，当用户 A 与用户 B 通话时，用户 A 按正常的方式呼叫用户 C，此时用户 B 只能听到“嘟嘟”声，需要用户 A 按一次拨号键（呼出键），此时三方可同时通话	
呼叫转移	欢 go 网站、10000 号、营业厅	呼转至归属地：基本费为 0.1 元/分钟；呼转至非归属地：基本费（0.1 元/分）+长途费（0.06 元/6 秒）	无条件转移：＊72+转移号码（固定电话需加区号）呼出键（取消：＊720 呼出键）；遇忙转移：＊90+转移号码（固定电话需加区号）呼出键（取消：＊900 呼出键）；无应答转移：＊92+转移号码（固定电话需加区号）呼出键（取消：＊920 呼出键）	

3.3.5 UIM 卡业务

UIM（user identity module）卡的功能类似于 GSM 手机中使用的 SIM 卡，既可以在 CDMA 手机中进行用户的身份识别及通信加密，又可以存储电话号码、短信息等用户个人信息。

PIN 码是 UIM 卡的识别密码。UIM 卡的 PIN 码一般为 4 位，连续 3 次输错 PIN 码，手机将自行锁卡。PIN 码是用来保护 UIM 卡安全的密码。PIN 码分为 PIN1 和 PIN2，我们通常讲的 PIN 码是指 PIN1（PIN1 的出厂值为 1234）。PIN2 是在进入某特殊功能时（如设置固定号码拨号、设置通话计费等）所要用的个人识别码。

PUK 码是用来解锁 PIN 码的。UIM 卡的 PUK 码一般为 8 位。当 PIN 码输错 3 次后，UIM 卡会自动上锁。此时只能通过输入 PUK 码才能解锁。PUK 码输入正确以后，用户会被要求输入新的 PIN 码。用户更改完 PIN 码以后，就进入正常使用界面了。PUK 码共有 10 次输入机会。输入错误超过 10 次后，UIM 卡会启动自毁程序，使 UIM 卡失效。用户不能随便输入 PUK 码，当 UIM 卡被锁后，应立即关机，带上相关的证件和 UIM 卡到营业厅请营业员解锁，以便减少不必要的损失。

3.4 移动增值业务

3.4.1 短信和彩信

3.4.1.1 短信

中国电信向用户提供的短信增值服务是中国电信与合作伙伴共同向用户提供的基于短信平台的各类增值服务的总称。短信分为点对点短信、SP 短信、CP 短信。

点对点短信是指中国电信移动用户在移动电话网络内以及与固定电话网络、PHS（小灵通）网络、其他运营商网络用户之间交换长度有限的文本或二进制短信息的业务。

CP 短信和 SP 短信是中国电信向中国电信移动用户提供的基于短信平台的信息增值服务的总称。用户可以通过网站、手机、客服和 IVR（互动式语音问答）等多种方式定制或点播获得新闻、娱乐、天气、交友、游戏、行业应用等丰富多彩的 CP 短信和 SP 短信业务服务。

用户向境内手机发送短信，直接输入号码并发送即可。用户向境外手机发送短信，方法为“00+国家（或地区）代码+用户号码”。用户在境外漫游时发送短信的方法与境内发送短信的方法一样。

境内点对点短信资费标准为发送短信（不分网内网外）0.1 元/条，接收免费。在中国境内向境外发送短信 0.8 元/条。

短信业务说明如下：

（1）短信储存时间为 48 小时（用户在 48 小时内开机，还可接收到短信）。针对发送给中国移动的短信，储存时间为 24 小时。

（2）短信黑名单。中国电信对 24 小时内累计发送超过 1 000 条短信的号码强行关闭短信功能 48 小时，将每小时发送 200 条点对点短信的号码列入受限号码，将每天发送 1 000 条点对点短信的号码列入受限号码（包括宽乐通信）。

（3）一条短信不能超过 70 个汉字，如果超过这个限制，会被拆分成几个部分进行发送。用户可以在短信中心查询几部分是否都成功发送。如果存在部分缺失，有可能是因为某些原因（如国际短信信令路由复杂）造成局部丢失。用户尽量应将短信量控制在 70 个汉字以内。1byte(1 个字节)= 1 个英文字符，1 个汉字=2 个字节，1 个数字算 1 个字。

3.4.1.2 彩信

彩信是中国电信多媒体消息服务的业务名称。多媒体消息服务的英文缩写是 MMS（multimedia messaging service）。多媒体消息服务以无线应用协议（WAP）为载体，通过中国电信的 CDMA 数据网络，传送包含文字、图像、声音、数据等各种多媒体数据的信息。彩信业务种类主要包括手机与手机互发、手机与邮箱互发和各种彩信应用等。

彩信业务说明如下：

（1）彩信最大容量为 300K。点对点彩信资费标准为 0.3 元/条，接收免费（预付费用户收发彩信会产生流量费用，后付费用户接收彩信不用付流量费）；SP 彩信资费标准为 0.5 元/条。

（2）手机终端若支持彩信功能，则在境内漫游情况下可以发送彩信。目前无法实现发送国际彩信。

（3）手机终端支持才可以发送彩信。如果用户的手机支持却不能收发彩信，可能存在设置问题，应重新设置。

（4）用户在申请基本语音业务的同时，默认开通彩信业务功能，无须另外申请。

用户可以通过客户经理、10000 号以及营业厅办理。

3.4.2 天翼视讯

天翼视讯是面向所有手机用户推出的视频软件。用户下载天翼视讯客户端后，可以免费观看天翼视讯客户端的所有内容，但不免流量费用。非电信用户需订购会员，订购用户可以观看天翼视讯客户端的所有内容，但不免流量费用。

天翼视讯的产品功能包括核心功能和特色功能。

核心功能包括注册登录、播放、直播回看、订购、收藏、换台、节目单、搜索、推送、刷新、个人中心和菜单键。

特色功能包括留言、筛选、系统设置、头像上传。

电信用户可以免费观看天翼视讯客户端的所有内容（免费与用户登录的账号无关，只与实际的本机号码有关），但不免流量费用。流量费用按用户号码的套餐资费收取。

非电信用户观看付费内容需订购会员，视频按分次、包月、包季、包年收取费用。订购用户可以观看天翼视讯客户端的所有内容，但不免流量费。流量费按用户号码的套餐资费收取。

3.4.3 翼支付

翼支付是中国电信的移动支付产品，用户开通中国电信翼支付账户并储值后，即可在中国电信联盟商家和合作商户使用该账户，通过网站、短信、语音等方式进行远程支付。用户办理翼支付卡（RFID-UIM 卡）后还可以通过手机刷销售终端机（POS 机）的方式进行现场支付。

客户可以使用网络方式完成远程支付，包括各类电信网上商城（如号百商城、互联星空等）实体及虚拟商品和服务的支付、公用事业（水、电、天然气）缴费、加油缴费、缴纳交通罚款、票务代理收费等增值业务以及第三方代理业务缴费支付。

用户通过网络方式、POS 机方式使用翼支付进行支付时，连续错误输入支付密码 3 次后，系统自动将账户锁定 24 小时，并发送短信通知。24 小时后，系统自动解除锁定。账户锁定期间账户资金冻结。

翼支付适用于中国电信天翼手机用户及他网手机用户。170 号段中除了 1700 开头的电信号段可以开通翼支付外，其余 170 开头的号段暂不支持开通翼支付。

翼支付月租费用为 5 元/月，但目前暂不收取。翼支付其他费用标准如表 3-11 所示。

表 3-11 翼支付其他费用标准

类型	内容
流量/计时费	客户使用中国电信网络产生的费用，如短信费、网络流量/计时费等，按照中国电信资费标准收取；已有相应包月套餐资费的可计入包月套餐资费中
支付功能费	翼支付对水、电、天然气等缴费，不向用户收取手续费。 用户通过交通罚款代办缴费需要缴纳一定的代办服务费，不同的车辆罚单一起缴纳罚款需缴纳多笔代办服务费

翼支付申请途径如下：

电信手机用户可以通过翼支付网站、翼支付客户端、短信、客户经理以及营业厅理办理翼支付业务。

他网手机用户可以通过翼支付网站、翼支付客户端办理翼支付业务。

用户可以到营业厅办理翼支付代理业务。

3.4.4 爱音乐

爱音乐服务融合了七彩铃音、七彩铃音音乐盒、音乐下载等多种音乐产品功能。用户可以通过爱音乐快速搜索下载喜欢的音乐，并享受歌曲试听、定制彩铃、收藏夹等多种形式的音乐服务。

爱音乐适用于中国电信天翼手机、后付费固定电话（含部分汇线通、部分一线通）和小灵通用户。

爱音乐主要业务功能如下：

（1）七彩铃音。七彩铃音，即个性化回铃音服务，是爱音乐的基本业务。

（2）七彩铃音音乐盒。七彩铃音音乐盒是中国电信为七彩铃音用户精心打造的铃音包月产品。每个音乐盒中包含多首彩铃，铃音随机播放，每月定期自动更新，满足用户无需动手就可以换新歌的需求。该产品改变了以往以单首铃音为单位的订购模式，使用户以较低的资费即可获得多首铃音，并且一次订购，即可长期享受自动更换的精彩铃音。

（3）音乐下载。中国电信面向移动手机多种渠道（Web、WAP、IVR、短信、客户端等）提供全曲、振铃等音乐相关资源的下载服务。

（4）爱听 4G。爱听 4G 是中国电信为天翼用户（除无线宽带和手机上网时长计费用户外）提供的更高品质的音乐下载、点播高清音乐短片（MV）的服务。

（5）个性化彩铃。个性化彩铃是基于全球领先的智能语音合成技术、满足用户亲自动手需求、便捷制作个性内容的彩铃、实现个人情感诉求的一项彩铃增值业务。

用户订购铃音按条计费，费用由提供商确定，不同的歌曲会有不同的价格。流量费按套餐另计。

用户使用本机拨打 118100 或 118101，按语音提示开通爱音乐服务。此外，用户也可以通过 10000 号办理。

3.4.5 189 邮箱

189 邮箱是专为手机（含中国电信、中国移动、中国联通）用户提供的新一代的邮箱服务，具备常规互联网基础邮件服务功能，让用户可以通过

WAP 上网等方式，随时随地处理邮件。189 邮箱域名如下：Web189 邮箱域名为 http://mail. 189. cn，WAP189 邮箱域名为 http://wapmail. 189. cn 或 http://wap. 189.cn。

用户在申请 189 邮箱业务后，既可以通过 PC 终端处理邮件，也可在移动终端通过短信、彩信、WAP、邮件推送客户端等方式随时随地收发邮件。

189 邮箱的业务功能主要如下：

（1）189 邮箱支持邮件到达通知、短信收发邮件、彩信读取邮件，用户可以随时随地收发邮件。

（2）189 邮箱支持 Web 自写短信、彩信，提供经典短信模版。

（3）189 邮箱提供大容量的网络硬盘，支持邮件附件转存，用户还可以随心分享个人珍藏。

（4）189 邮箱系统采用了最先进的反垃圾邮件技术，对进出邮件系统的邮件进行过滤，用户还可以设置自己的邮件过滤规则。

（5）189 邮箱系统专属杀毒引擎实时对进出邮件系统的邮件进行病毒监测和处理，用户收件更放心。

189 邮箱的业务特点主要如下：

（1）快速、安全、稳定。

（2）大容量、大附件。

（3）移动办公，轻松便捷。用户的手机号就是邮箱账号，手机收发邮件，用户可以随时随地移动办公。

（4）邮件推送，快速及时。189 邮箱第一时间将用户收到的邮件信息推送至用户手机终端，保证邮件推送的及时可靠。

189 邮箱适用于手机（含中国电信、中国移动、中国联通）用户。

189 邮箱业务说明如下：

（1）中国电信 C 网手机、他网（中国移动、中国联通）手机的 189 邮箱命名规则统一为“手机号码+@ 189.cn ”。

（2）用户申请 189 邮箱的号码改号或注销，原 189 邮箱的有效期为 90 天。

（3）用户登录 189 邮箱后，可以通过“设置→账号→设置账号→设置别名”，修改别名。别名设置后不可删除，每 15 天只可修改一次。别名修改目前免费。

189 邮箱的限制性规则如表 3-12 所示。

表 3-12　189 邮箱的限制性规则

<table>
<tr><th>套餐</th><th>群发邮件限制</th><th>189 邮箱普通附件限制</th><th>189 邮箱超大附件限制</th><th>天翼云上传附件限制</th><th>共享空间（与天翼云共享）</th><th>其他</th></tr>
<tr><td>免费套餐</td><td>最多 50 封</td><td rowspan="4">50M</td><td rowspan="4">2G（需先上传到天翼云）</td><td>小于 4G</td><td>15G</td><td>无</td></tr>
<tr><td>VIP 5 元套餐</td><td>最多 50 封</td><td rowspan="3">无限制</td><td>30G</td><td>绑定 189 邮箱</td></tr>
<tr><td>VIP 10 元套餐</td><td>最多 100 封</td><td>50G</td><td>默认绑定 189 邮箱，还支持绑定 2 个其他邮箱</td></tr>
<tr><td>VIP 20 元套餐</td><td>最多 200 封</td><td>100G</td><td>默认绑定 189 邮箱，还支持绑定 4 个其他邮箱</td></tr>
</table>

用户可以通过短信营业厅、掌上营业厅、189 邮箱网站、10000 号以及营业厅办理。

3.4.6　易信

易信是一款为国内手机用户提供的聊天软件。易信除支持发送高清语音、文字、图片外，还具有免费短信、电话留言以及丰富有趣的贴图表情等功能。目前，易信有移动版和 PC 版客户端，用户除了可以在手机上随时使用外，还可以在个人电脑上使用。用户使用易信任何功能均不必支付功能费用，只需支付使用易信时产生的上网流量费及通信费。

易信支持跨通信运营商、跨手机操作系统平台聊天。用户可以通过手机通讯录向联系人发送免费短信，向手机或固定电话发送电话留言，同时可以向好友发送语音、视频、图片、表情和文字。此外，用户还可以通过易信的“朋友圈”记录日常生活，上传文字、图片与好友们分享自己的近况。

易信免月功能使用费。其他资费标准如下：

（1）流量费。用户使用易信时产生的上网流量费由手机网络运营商收取。

（2）语音留言。提示用户直接回复电话留言按 1，再按#并发送，此操作不会产生费用。

（3）短信留言。用户通过下载易信客户端回复短信免费，直接回复短信则按短信资费标准付费。

（4）邀请短信。易信内邀请好友和在名片内点击手机号码会跳至本机发短信和拨打电话界面，因此会产生通信费。

易信特有功能主要是易信电话和免费短信。

（1）易信电话。易信电话是无需费用的语音通话和视频通话功能，即易信用户可以与好友列表中的其他易信用户进行语音、视频实时聊天。发起方进入与好友的消息对话框，点击“+”按钮，选择“无需费用的通话”或“视频通话”选项，即可进入语音或视频的准备页面。被叫方会收到语音或视频通话的邀请，可以选择“接受”或“拒绝”，接受后双方即可进行语音或视频通话。同时，语音通话和视频通话可以进行自主切换。

（2）免费短信。易信用户可以给易信好友或手机通信录中任一中国境内手机号码发送免费短信，对方无需是易信用户。

易信适用于境内手机用户（含中国电信、中国移动、中国联通手机用户）。

用户可以通过手机号码注册易信。用户在手机上安装易信客户端后，点击注册按钮后，填写短信验证码，即可注册。

3.4.7 翼之旅

翼之旅（又名翼之旅游客版）服务平台是广东省旅游局主导，中国电信广东公司、优游旅行网强强合作，东部华侨城等国家级王牌景区以及广东省近百家精华景点积极响应，合力为广大天翼手机用户打造的广东省极具价值的专业自助游服务平台。翼之旅为天翼用户提供“一机在手，畅游广东”的自助旅游服务。用户开通翼之旅即可享受会员特惠（免费）、同行打折的优惠。

翼之旅游客版月租费为10元/月。翼之旅促销版月租费为5元/月。

翼之旅提供的服务由免费景区、超值线路、特价抢购三部分组成，用户可以在广东省的合作景区享受优惠（已签订优惠折扣协议的景区称为合作景区）。

（1）免费景区。翼之旅为会员提供会员特惠（免费）、同行打折的优惠。200多个优质旅游景区供会员超值畅游。会员凭手机号码、二维码、电子卡，即可享受免费或折扣优惠。

（2）超值线路。翼之旅精心为车主会员设计了自驾线路方案，对吃、玩、住都有详尽的攻略介绍，并且提供酒店的预订服务。

(3) 特价抢购。翼之旅特价抢购可以让游客花最少的钱，实现最放心的消费，享受同样优质的服务。

对于翼之旅游客版，用户可以可通过短信营业厅、掌上营业厅、欢 go、10000 号、客户经理以及营业厅（含合作营业厅和专营店）办理。

政企用户以及机主登记名称为单位名称的用户暂不能通过短信方式办理。

对于翼之旅促销版，用户可以通过客户经理办理。

3.4.8 院线通

院线通是中国电信推出的在线选座订电影票业务。院线通通过院线通客户端、院线通官方网站、院线通 WAP 网站、院线通微信服务号等方式，为用户提供最新的电影资讯、热门影片场次查询、在线提前选座购票、凭电子票号至影院终端机自助打票观影的一站式观影服务。院线通覆盖了全国 250 多个城市，1 200 多家星级影院。

用户使用院线通业务不需要付费。用户通过院线通客户端、院线通 WAP 网站浏览电影资讯、在线选座购票产生的上网流量费按电信资费标准收取。用户通过院线通购买电影票、演出票的价格以用户使用的院线通购票渠道页面显示价格为准。

院线通的适用客户为全国手机用户（中国电信、中国移动、中国联通的手机用户均可）。

用户使用院线通购票无需申请，可以通过院线通客户端、院线通官方网站、院线通 WAP 网站、院线通微信服务号等方式购票。

3.5 其他业务

3.5.1 天翼无线宽带

天翼无线宽带业务是指在有天翼无线网络覆盖的地方，用户可以通过天翼无线宽带客户端软件，选择无线宽带 Wi-Fi、3G/1X、4G、4G+的网络接入方式上网。

3.5.2 无线宽带使用说明

3.5.2.1 无线宽带3G/1X/4G

中国电信3G/1X网络采用CDMA2000制式，在3G（EVDO）信号出现盲区时，就可以选择1X网络接入。第三代移动通信技术与前两代移动通信技术的主要区别是在传输声音和数据的速度方面的提升，能够实现在全球范围内更好地无缝漫游，并处理图像、音乐、视频流等多种媒体形式，提供包括网页浏览、电话会议、电子商务等的多种信息服务。

用户上网方式如下：

（1）直接通过手机上网（需UIM卡）。

（2）通过电脑连接方式“手机+数据线连接电脑”上网（需UIM卡）。

（3）上网卡连接电脑，通过无线宽带客户端拨号进行无线上网。

用户上网步骤如下：

（1）用户将UIM卡放入无线网卡终端。

（2）用户将无线网卡终端插入电脑USB接口。

（3）用户安装天翼无线宽带客户端。

（4）用户选择3G/1X/4G方式上网（无需输入账号密码）。

用户注意事项如下：

（1）天翼移动用户新开户时默认开通3G/1X境内漫游功能。

（2）暂不向预付费天翼移动用户提供国际CDMA1X上网服务。

（3）后付费天翼移动用户需开通国际数据漫游功能，方可在国际漫游情况下使用CDMA1X/3G数据漫游业务。

资费标准如表3-13所示。

表3-13 资费标准

接入方式	使用范围	计费方式	收费标准
无线宽带3G/1X	境内上网	时长	1X/3G：0.10元/分钟，每次不足1分钟按1分钟计
		流量	2011年1月1日起0.000 3元/KB，每次不足1KB按1KB计，不足1分钱按1分钱计
	境外上网	流量	详见：境外漫游资费标准

预付费无线宽带流量套餐是中国电信专为有无线上网需求的用户设计的

上网产品。套餐提供省内、全国无线上网流量多个档次供用户选择，用户可以根据自己的使用情况挑选合适的套餐。办理该套餐，用户可以享受大流量的无线上网。该套餐不限时间，只计流量。

套餐档次如表 3-14 所示。

表 3-14　套餐档次

月基本费/元	50	50	100	200
套餐内容	1G 省内流量	800M 境内流量	2G 境内流量	5G 境内流量
备注	上网流量不区分 CTWAP、CTNET，不含 Wi-Fi			

套餐外资费如下：

（1）无线上网（不区分 CTWAP、CTNET）。境内不分漫游 0.000 3 元/KB；当月套餐外手机上网流量（境内）费用 1 000 元封顶。当月累计流量达 20G 时，手机上网功能当月将暂停，次月自动恢复服务。

（2）Wi-Fi 上网。套餐不含 Wi-Fi 上网，资费标准统一为境内不分漫游 0.03 元/分钟。

（3）短信按相应套餐资费收取（如未开通套餐按境内 0.1 元/条收取）。

（4）语音按相应套餐资费收取（如未开通语音套餐按标准资费收取）。

3.5.2.2　**无线宽带** Wi-Fi（WLAN）

无线宽带 Wi-Fi 是中国电信提供的无线宽带产品之一。用户持具备 Wi-Fi 功能的个人电脑、智能手机、平板电脑等终端，在中国电信 Wi-Fi 热点覆盖的区域，通过连接“ChinaNet”即可高速畅游互联网。

3G/1X 接入方式包括 CTWAP、CTNET，用户使用时需要使用 UIM 卡。如果用户开通了 WLAN 业务，即手机或宽带固定电话等开通了 Wi-Fi 上网账号，则在实际使用时不需要号码卡。

用户上网方式如下：

（1）用户通过 Portal 页面（http://wlan.ct10000.com）登录连接互联网。

（2）用户通过无线宽带客户端上网。

（3）用户通过无线宽带 C+W 统一认证客户端上网。

注意事项如下：

（1）预付费天翼省内 Wi-Fi 漫游、后付费天翼境内 Wi-Fi 漫游在新开户时默认开通；老用户可以通过短信、10000 号以及归属地营业厅办理。

（2）预付费有线宽带用户省内 Wi-Fi 漫游、后付费有线宽带用户境内

Wi-Fi 漫游功能的开通需到归属地营业厅办理。

（3）后付费天翼用户可以开通国际漫游服务（国际使用 Wi-Fi 需开通国际漫游功能），预付费天翼用户无此服务。

资费标准如表 3-15 所示。

表 3-15 资费标准

接入方式	计费方式	使用范围	收费标准
无线宽带 Wi-Fi	时长	境内上网	Wi-Fi（WLAN）：0.03 元/分钟，每次不足 1 分钟按 1 分钟计
		境外上网	详见天翼宽带 Wi-Fi 境外业务资费标准

用户通过天翼手机号码/有线宽带登录的操作如下：

（1）用户打开 Portal 页面（http://wlan.ct10000.com）。

（2）用户选择账号登录，输入手机号或宽带账号和密码。

计费规定为套餐内包含无线宽带上网时长的扣减时长，不包含的按 0.03 元/分钟收费，每次不足 1 分钟按 1 分钟计。

用户通过时长卡登录的操作如下：

（1）用户通过进入天翼宽带 Wi-Fi 门户网站或欢 go 网站天翼卖场购买无线宽带时长卡。

（2）用户打开 Portal 页面（http://wlan.ct10000.com）。

（3）用户选择账号登录，输入时长卡账号和密码。

计费规定为扣减时长卡内的上网时长。

3.5.3 流量转赠

流量转赠是中国电信为每月套餐内剩余流量较多并有意给亲朋好友转赠流量的天翼手机用户推出的业务。用户每月只需付 5 元业务功能费，即可向广东省内天翼手机号码赠送境内手机上网流量（用户可以绑定不超过 3 个号码），当月最多赠送 5 次。受赠的流量可以抵扣成功办理后的境内手机上网流量。用户办理该业务，使流量不再浪费。

流量转赠的对象为省内天翼手机用户，包括 3G 用户和 4G 用户（含后付费手机用户和预付费手机用户）。

手机上网按时长计费的用户不能接受转赠流量。被赠号码的状态如果是欠费停机、申请停机、挂失等情况，则流量无法赠送成功。

流量转赠功能费为 5 元/月。用户在开通流量转赠的当月缴纳一次费用。不管用户是否发起转赠操作，业务功能费都正常收取。

对用户转赠流量超出套餐内流量的，按资费标准收取，即按照 0.000 3 元/KB 计收。

用户每次赠送的流量需为 10MB 的整数倍（每次最少转赠 10MB），每月最多只能转赠 1 020MB。

天翼手机境内上网流量（包括套餐内的境内流量、全国流量包流量、加餐包流量）可用于转赠。

闲时流量、定向流量、省内流量、本地流量、促销赠送流量、流量卡流量（包括促销卡和常规卡）、共享流量池共享流量、政企 ABB 共享流量、4G 季包流量、4G 半年包流量、4G 年包流量等流量不可以用于转赠。

用户受赠流量不可以再次赠出。

乐享主副卡套餐的主副卡不共享受赠的流量。

用户办理流量转赠成功后，受赠流量在 24 小时内生效。受赠流量在当月（账期）有效。

用户可以通过“广东天翼”手机客户端（版本要求：不低于安卓版本 3.1.8 或 ios 版本 3.1.9）办理。

用户申请立即生效，当月（账期）有效。

3.5.4 套餐内流量单月不清零服务

流量单月不清零服务适用于所有手机上网按流量计费的月套餐用户，具体适用范围如下：

（1）适用对象：预付费用户、后付费用户。

（2）适用范围：套餐内流量和流量包（境内、省内、本地、小区流量月包及闲时流量月包等）。

（3）不适用流量包：定向流量包、后向流量包、境外流量包、季包、半年包、年包、一次性流量包以及其他非周期类非月包产品。

套餐内当月剩余流量可结转至次月继续使用，次月底未使用完的结转流量清零，套餐外的流量不能延期结转。

套餐内流量包（如通用流量包、闲时流量包等）的流量结转至次月时，流量类型及属性不变。

非个人订制套餐用户的促销、赠送、转赠流量不可结转；个人定制套餐用户的转换及赠送流量可结转（套餐内转换流量和赠送流量可结转至次月使用，结转后不可再进行转换或转赠）。

用户变更时，原套餐剩余流量不结转。用户当月办理套餐变更或取消，包括档位变更或取消及套餐种类变更或取消时，原套餐内剩余流量不结转。用户当月办理过户、销户、携号转网时，原套餐内剩余流量不结转。

对于欠费停机、停机保号、挂失、强制停机用户，若用户套餐月费扣费出账成功，则当月套餐内剩余流量可结转至次月。次月用户在账户状态正常时可使用结转流量，次月月底未使用或未使用完的结转流量清零。现有用户停复机规则保持不变。

新入网用户中，首月套餐内流量按日折算或全额生效的用户，剩余流量将结转至次月。若首月流量按单价计费，则无需结转。

结转流量抵扣规则：扣减延期结转的同类流量时，先扣除延期结转流量，再扣除套餐内流量。例如，用户 10 月延期结转了 100MB 境内流量到 11 月，那么在 11 月使用流量时，会被优先扣减这 100MB 的延期结转流量，之后再被扣除套餐内流量。

预付费结转规则：动态月结的用户按动态月结方式结转，自然月结的用户按自然月结方式结转。

套餐定购首月结转规则：流量按日折算或全额生效的用户，剩余流量可以延期结转到次月使用。如果用户订购的套餐中流量是使用了多少付多少钱，则这类套餐没有所谓的剩余流量。

3.5.5 VoLTE 业务

VoLTE 业务是中国电信推出的高清语音和视频通信业务。用户用 4GLTE 网络打电话，实现数据与语音在同一网络下的统一。用户能边打电话边上网，还能享受到更高质量的语音和视频通话。

VoLTE 适用于开通 4G 功能的天翼手机 4G 用户。

相比传统语音业务，VoLTE 业务的特点如下：

（1）语音和视频通话质量更高，掉线率更低。

（2）能够双通，即打电话的同时能够上网。

（3）接通快速，VoLTE 电话主叫时，被叫很快就能收到振铃。

（4）实现视频通话、三方通话时，用户不需借助其他互联网应用程序，直接在手机上就可以体验。

VoLTE 高清语音通话及 VoLTE 视频通话的通话费按号码套餐内的境内普通语音资费收取，VoLTE 语音、视频通话产生的流量不计费，VoLTE 业务的短信或彩信资费与普通短信或彩信资费一致。

3.6 业务变更

3.6.1 天翼手机改号

天翼手机改号是因客户主观意愿而改变正在使用的手机号码的业务。

天翼手机改号适用于天翼手机后付费用户，天翼手机预付费用户不适用天翼手机改号业务。

天翼手机改号免费。用户如果不需要更换 UIM 卡，不需付费；如果需要换卡，另付换 UIM 卡费 20 元/张。用户如果需要改优质号码，需按优质号码的等级、预存话费、月最低消费标准付费。

用户可以到营业厅办理。

133、153、189、180、181、177、173、199 号段可更改后 8 位数。

133、153、189、180、181、177、173、199 号段之间不能相互更改，同一号段的号码才可以互改。所谓同一号段的号码，即号码的头三位数字相同，即 133 可改 133、153 可改 153、189 可改 189、180 改 180、181 可改 181、177 可改 177、173 可改 173、199 可改 199。用户只要在对应号段内改号就是免费的，不需要换卡。

业务前台如遇改优质号码（“靓号”）用户咨询改号，需提醒用户 6 个月内只允许办理一次改号业务。

天翼手机改号的号码段资源最终以业务前台的查询为准。

后付费 4G 用户现已开放办理改号业务，规则不变。

用户申请天翼手机改号完毕后，业务立即生效。

3.6.2 天翼手机过户

天翼手机过户是一个用户将天翼手机的使用权转让给另一个用户的业务，号码的使用人以电信登记为准。

天翼手机过户免费。

用户可以到营业厅办理。

天翼手机过户相关规定主要如下：

（1）原用户仍在享有优惠的预存类、补贴类套餐可过户给新用户。

（2）欠费（包括已停机、未停机）、挂失、申请停机的号码不得过户，用户需在缴清欠费并复机后才可办理过户。

（3）无线宽带时长套餐用户不能办理过户。

（4）办理单方过户的号码，一个月内不能再次办理过户，每次过户的时间必须相隔一个月。

（5）单位开户的移动电话与个人开户的移动电话可以互相过户。如果手机办理了套餐及参与了补贴优惠，需按相关的套餐及补贴优惠的约定规则过户。

业务前台如遇“靓号”用户咨询过户，需提醒用户 6 个月内只允许办理一次过户业务。

用户在任何时间都可以办理过户，业务前台需要向用户说明“办理过户手续后，旧用户号码办理过户当月未出账单的费用将由新用户承担”。未出账单与已出账单未缴纳的费用需用户自行协商缴纳。

过户后，新用户的信用等级需重新确定（以新开户业务的标准为准则）。业务前台需要与用户确认信用额度、调整信用标识时限、银行代扣、发票账单投递需求等。

过户后，若新用户不再使用原用户的套餐，新用户需办理套餐变更业务。

过户时，业务前台应询问新用户是否继续使用号码的原功能，如原用户已申办了国际长途和国际漫游业务功能，则必须取消该类功能，新用户如想申请国际长途和国际漫游业务功能，需要按有关规定办理。

天翼手机过户业务申请完毕，立即生效。

3.6.3 天翼手机停复机

天翼手机停复机业务包含手机停机和手机复机两项功能。天翼手机停机是指用户因长期出差或暂不想使用手机号码及其他问题，办理暂时停用并保留号码使用权的业务；天翼手机复机是指已经停机的手机号码重新办理开机的业务。

停机类型包括主动停机和被动停机。主动停机分为停机保号和挂失；被动停机分为欠费停机和非申请停机。

停机保号是指用户因个人原因申请暂停使用其手机号码。用户只要缴足停机保号费，就可以无限期保留原号码。

业务前台在为用户办理停机保号时，必须提醒用户：由于办理停机保号业务有可能接收不到欠费提醒通知，因此用户需保持扣款账号有足够余额，并留意相关业务的扣款情况，避免因欠费被销户。

挂失是指移动电话或手机 UIM 卡丢失、被盗后，用户为保障号码或卡内的余额不被盗用，而申请停机的业务。

欠费停机是指用户在缴费期限内未缴话费而被停机（融合套餐中任一单产品欠费均会关联停机，导致整个套餐的产品无法正常使用）。

后付费移动业务在暂停服务后（月结双停或信控双停）60 天，即超出缴费期 65 天时终止提供服务；预付费移动业务在暂停服务后（余额≤0）90 天时终止提供服务。终止服务后，号码冻结至少 90 日后方可重新启用。

非申请停机是指由于某些特殊原因（如入网资料不真实），电信公司需要对某些用户进行停机操作。

用户在天翼手机欠费停机期间可以通过 10000IVR/10001IVR 进行客户密码重置、激活、修改（密码重置、激活、修改不受号码停机状态的限制）。

用户在停机期间仅可以拨打当地（漫游地）10000 号、10001 号等免费客服电话，110、119、120 等应急电话以及 11888 全国充值电话。

预付费号码挂失后，用户无法拨打 10000 号、10001 号等免费客服电话。由于 10000 号、10001 号语音导航优化，因此用户在预付费手机欠费停机状态下拨打 10000 号时，会被提示未激活。

预付费用户在主动停机（包括申请停机和挂失停机）期间，不能通过拨打 11888 进行充值。

停机期间，用户在非归属地拨打当地（漫游地）10000 号、10001 号时，接通后系统会有语音提示是否转接回归属地 10000 号。用户可以选择进入当地 10000 号或选择转接回归属地 10000 号。

天翼手机单停时可接收但不可发送短信或彩信，天翼手机双停（含欠费停机和主动停机）时不可接收也不可发送短信或彩信。

用户在停机期间可以办理重开、更改用户信息、更改账务信息（含发票、账单、银行账号）、拆机，不能办理其他业务。其他业务需在用户办理重开后才能受理。

用户在欠费停机期间只可办理手机缴费及更改银行账户业务。

用户在挂失期间不能办理任何业务，仅保留号码使用权。但是，用户可以通过10000IVR、10001IVR进行用户密码重置（密码重置不受号码停机状态的限制）。

对于普通手机用户，在申请停机当月（或动态月）收取整月套餐或基本月租费，不再收取停机保号费，已收取的费用将不返还；次月起，整月停机，收取5元/月的停机保号费。在复机当月（或动态月），按全月收取套餐费或基本月租费，不再另收停机保号费。

主动停机和挂失停机当日申请完毕，3小时内生效。

复机当日申请完毕，3小时内生效。

欠费停机在缴清费用后3小时内生效。

用户可以通过欢go网站、手机WAP厅、短信营业厅、10000号以及营业厅办理。

3.6.4 天翼手机补（换）卡

天翼手机补卡是指用户因手机卡丢失或损坏等原因，重新为号码补办UIM卡；换卡是指用户因办理或使用其他新的电信业务，需要更换新的UIM卡。

本地补（换）卡适用于天翼手机后付费及预付费实名制用户（含无线宽带用户）。

异地补（换）卡适用于天翼手机后付费及预付费实名制个人用户（含无线宽带用户）。企业单位用户、非实名制用户不可以办理异地补（换）卡业务。

补卡业务内容如下：

（1）天翼手机本地补卡。本地补卡业务是指电信用户在本地（归属地）发生UIM卡遗失或损坏的情况下，在本地营业厅进行补卡的业务。

（2）天翼手机异地补卡。异地补卡业务是指电信用户在异地（非归属地）发生UIM卡遗失或损坏的情况下，在漫游地营业厅通过远程申请写卡数据，完成补卡的业务。

用户补卡费用为20元/卡。有以下情况，用户将享受免费补卡优惠：

（1）5~7 星的星级用户享有免费补卡权益，拥有该权益的用户可以为名下手机号码申请一定次数的免费补卡。

（2）异地天翼手机在深圳补卡免费。

用户换卡费用为 20 元/卡。有以下情况，用户将享受免费换卡优惠：

（1）5~7 星的星级用户享有免费换卡权益，拥有该权益的用户可以为名下手机号码申请一定次数的免费换卡。

（2）当用户所购 UIM 卡出现非人为（自然）损坏（后付费卡为购买 3 个月内、预付费卡为购买 1 个月内），由营业厅进行检验（插 UIM 卡入手机，显示无效卡）确认后，免费办理换卡手续（营业员将原损坏卡回收）。

（3）原 3G 卡用户首次更换 4G 卡并开通 4G 功能，免换卡费。

（4）用户首次更换沃达丰国际卡（含和记、联通双模卡）免换卡费。

用户补卡申请途径如下：

（1）本地补卡（含无线宽带时长卡）可以到营业厅办理。

（2）异地补卡仅限到指定营业厅办理。

用户换卡申请途径如下：

（1）已实名制登记的后付费用户及已激活的实名预付费用户可以到所有营业厅办理换卡。未激活或未实名制登记的用户仅可到营业厅办理换卡。

（2）用户自助换 4G 卡可以通过欢 go 网站、欢 go 客户端、语音外呼渠道办理。

天翼手机补（换）卡业务申请完毕，立即生效。

3.6.5 天翼手机改银行账号

天翼手机改银行账号是指用户改用另外一个银行账号托收或更改托收资料。

用户可以通过 10000 号以及营业厅办理。天翼手机改银行账号免费。

业务说明如下：

（1）10000 号仅办理客户将银行账号更改为原划扣过电信费用的银行账号（如果原划扣过电信费用的银行账号不与账户同名，那么用户需要前往营业厅办理）。用户如果需要更改为新账号，应到营业厅办理。

（2）个人用户可以代个人用户付款，不可以代单位用户付款。单位用户可以代个人用户付款，也可以代单位用户付款。

（3）如果用户来电更改银行账号，客户服务代表需要区分两种情况：一是合同下有余额；二是合同下无余额，但有已分配未销账的账单，用户如更改，分配的费用将回退至更改前的合同下。以上两种情况均建议用户用完余额或完成销账再变更银行账号（否则只能退费）。如果用户仍坚持变更银行账号，客户服务代表除按流程办理银行账号变更外，还要引导用户到营业厅做余额过户处理。

3.6.6 天翼手机拆机

天翼手机拆机，即天翼手机销户，是指终止并解除和电信公司的电信协议，停止使用电信公司移动通信服务产品的业务。

天翼手机拆机分为主动拆机、被动拆机、异地拆机。

（1）主动拆机，即用户不再使用天翼手机，到营业厅办理销户手续。

（2）被动拆机，即后付费用户在欠费停机 60 日内仍未补缴电话费用和违约金，预付费用户在账户余额小于 0 或账户余额已过期后的 90 天冷冻期内仍未充值，则中国电信注销用户号码，终止提供服务。

（3）异地拆机，即用户通过异地（非号码归属地）营业厅申请天翼手机拆机业务，电信公司进行相应处理的一系列服务。

用户到营业厅办理天翼手机拆机时，需要结清已出账单话费。参与终端补贴的用户需履行完协议规定的在网时限方可办理销户。

用户在申请停机状态下，可以直接办理拆机。

用户在欠费停机状态下，需缴清费用后，再办理拆机。

天翼手机用户办理拆机，90 天后原号会重新被释放出来使用（可以作为新入网开户使用）。

办理异地拆机时，用户需携带开户时登记的个人有效证件到开放办理的营业厅，提出天翼手机异地拆机申请（提供待拆机号码，号码归属地），不允许他人代办，也不允许持单位证件开户的天翼手机用户在异地销户。

用户在号码归属地以外的电信营业厅提交天翼手机异地拆机申请后，号码归属地负责接收申请单，判断申请异地拆机的用户信息与天翼手机的用户信息是否一致，并计算用户需要补缴或退回的费用，通知用户在处理费用后办理天翼手机拆机。用户可以通过电话查询拆机进度。

天翼手机处于违章停机等其他非正常使用状态，不可异地拆机。异地拆机仅支持号码在正常使用状态及停机保号（非欠费）状态下的用户办理。

天翼手机拆机业务在申请后 24 小时内生效。拆机当月按套餐费收取整月费用。

拆机时用户入网所缴纳的移动电话入网费、号码预存话费、卡费等均不退还。原账户中的预付款（办理优惠的）、赠款只能在有效期内做日常话费结算，不予退回或兑换物品。后付费、预付费用户的预存款余额（不计利息）需在办理销户时退回。

3.6.7 携号转网服务

携号转网服务是指在同一地区电话网范围内，蜂窝移动电话用户（不含物联网用户）变更签约的基础电信业务经营者而用户号码保持不变的一项服务。

携号转网服务适用于使用个人有效证件登记的手机号码用户。个人有效证件类型包括居民身份证、临时居民身份证、户口簿、港澳居民来往内地通行证、港澳居民居住证、台湾居民来往大陆通行证、台湾居民居住证、外国公民护照以及法律和行政法规规定的其他有效身份证件。

入网、在网客户同权，即携入客户与本网入网客户拥有同等权利和义务。如果用户携移动号码转入中国电信，办理互联网卡套餐，自 2020 年 5 月 11 日起办理预付费、后付费互转业务，则业务当月生效，原有产品等同拆机，按原套餐拆机规则付费；新产品等同入网，按入网套餐规则付费。

用户办理了“后付费改预付费”或“预付费改后付费”后，需满 6 个月才能再次变更（业务处理规则与电信本网号码一致）。

用户在申请携出到携入完成的过程中，携出方和携入方应连续不间断为客户提供正常通信服务。

携入方和携出方收到携号转网成功生效广播是携出服务终止和携入服务开始的生效节点，也是客户、携出方、携入方提供服务和界定法律责任的时点。

移动号码所有权归属国家所有。

携出服务受理流程主要包括查询携出资格、携出资格审核、不满足审核资格的处理、申请携出授权码、完成号码携出、后续业务处理、退网号码处理等。

携入服务受理流程主要包括查验用户身份信息、查验用户携号转网信息及授权码、“敬告用户书（携入）”签名、业务预受理、告知用户携入服务注意事项、生效结果告知、后续业务处理等。

复习与思考：

1. 3G 提供最高的下行、上行速度是多少？
2. 4G 提供最高的下行、上行速度是多少？
3. 裸接入的后付费天翼手机月租是多少钱？
4. 天翼手机 PIN 码出厂设置为多少？PUK 码输错多少次会被锁？
5. 天翼手机改号需要收费吗？
6. 这个月新开户的天翼手机号码可以办理过户吗？
7. 异地天翼手机用户在深圳补卡可以代办吗？
8. 对于天翼手机套餐用户的拆机，当月如何收费？

4 中国电信账务类业务

4.1 账务类业务基础知识

4.1.1 计费规则

（1）自然月结。每月 1 日为月结日，计费账期为每月 1 日 00：00 至当月最后一日 24：00。适用自然月结计费规则的主要是后付费的固定电话、宽带、手机，预付费固定电话、宽带以及部分预付费天翼手机号码。

（2）动态月结。动态月结，即客户的移动业务自激活之日起开始计费，激活日为月结日（开账日），计费账期为激活日至下一月激活日的前一天。例如，1 月 3 日入网的客户，其计费账期为每月 3 日至次月 2 日。

对于预付费手机用户，在每月的 29 日至 31 日激活并扣取月租，则开账日统一设定为 28 日，当月费用按天收取。

4.1.2 计费、缴费期

计费、缴费期一览表如表 4-1 所示。

表 4-1　计费、缴费期一览表

<table>
<tr><th colspan="2">产品类型</th><th>计费周期</th><th>缴费时间</th><th>缴费期</th></tr>
<tr><td rowspan="2">后付费</td><td rowspan="2">所有后付费产品[融合套餐、手机、宽带、固定电话，广东省为 IPTV（百视通）]</td><td rowspan="2">每月 1 日 00：00 至当月最后 1 日 24：00</td><td>每月 3 日开始</td><td>2013 年 10 月 28 日起新增用户：每月 3 日至 12 日，10 天缴费期</td></tr>
<tr><td>每月 6 日开始</td><td>2013 年 10 月 27 日前（含 27 日）存量用户：每月 6 日至次月 5 日，1 个月缴费期</td></tr>
<tr><td rowspan="5">预付费</td><td>融合产品</td><td rowspan="3">每月 1 日 00：00 至当月最后 1 日 24：00</td><td>①基本月租：每月 1 日扣取当月月租。
②客户加入融合套餐时，为了满足套餐优惠计费的条件，套餐内各产品需要统一开账日</td><td rowspan="4">—</td></tr>
<tr><td>固定电话</td><td>每月 1 日扣取当月月租</td></tr>
<tr><td>宽带</td><td>每月 1 日扣取当月费用</td></tr>
<tr><td rowspan="2">预付费手机</td><td>动态月结</td><td>激活当日为扣费日，对于在每月的 29 日至 31 日激活的用户，开账日统一设定为 28 日，激活首月（激活当日至次月 27 日）的月租、按月计收的套餐费用按天折算，并在激活当天扣取</td></tr>
<tr><td>自然月结</td><td>扣费日为每月 1 日，激活首月的月租、按月计收的套餐费按天数折算，并在激活当天扣取</td><td>—</td></tr>
</table>

注：如果用户发起通话时间在当月最后一天，而结束通话时间在下月，当次费用列在当月账期。例如，用户 4 月 30 日晚上 11 点半发起通话，在 5 月 1 日 0 点后结束通话，当次通话费用列在 4 月账期。

批量处理时点如表 4-2 所示。

表 4-2 批量处理时点

产品类型	缴费期	以 1 月账期（1 月 1 日至 31 日）为例		
		单停	双停	欠费拆机
后付费固定电话	10 天（次月 3 日至次月 12 日）	2 月 13 日起	3 月 13 日起	5 月 13 日
后付费移动业务		2 月 13 日起	2 月 18 日起	4 月 18 日
后付费宽带		无	2 月 13 日起	5 月 13 日

批量送托、批量销账时点如表 4-3 所示。

表 4-3 批量送托、批量销账时点

项目		时点	以 1 月账期(1 月 1 日至 31 日)为例
批量送托	全业务	每月 6 日、13 日、23 日	2 月 6 日、13 日、23 日
批量销账	全业务	每月 6 日至 8 日、13 日至 15 日、23 日至 25 日	2 月 6 日至 8 日、13 日至 15 日、23 日至 25 日
违约金起算时间	全业务	每月 6 日始	3 月 6 日始

用户在超过约定缴费期之日仍未缴纳电信费用和滞纳金，电信公司暂停向其提供电信服务。用户欠费后将对其使用的产品造成以下影响：

（1）限制呼出，即单向停机。

（2）限制呼出和呼入，即双向停机。

（3）限制使用，即不再提供宽带、增值业务等电信服务，但不销户、不拆除。

（4）终止服务，即销户，是指不再提供电信服务，拆除线路。销户根据原因分为用户申请销户、用户欠费销户、其他原因销户等三类。

对超过收费约定期限 30 日仍不缴纳电信费用的，中国电信可以暂停向其提供服务，对暂停服务 60 日内仍未补缴电信费用和违约金的，中国电信可以终止提供服务，并依法追缴欠费和违约金。欠费超过 90 天的后付费客户，或者出现恶意欠费、恶意套机、非法经营公话、因不良消费被其他行业列入黑名单等有过不良消费记录的电信客户为Ⅲ类客户。

中国电信对超过缴费时间仍未缴纳电信费用的用户，从下月 6 日起计收滞纳金。例如，电话业务计费周期为 2017 年 10 月 1 日至 2017 年 10 月 31

日，滞纳金起算时间为 2017 年 12 月 6 日。

滞纳金按天计算，为所欠本金费用的 0.3%，叠加累计。例如，用户欠费 1 000 元，共欠 10 天，则滞纳金为 1 000×0.3%＝30 元。

滞纳金封顶规则，即滞纳金累计金额最高不超过客户所欠费用。例如，客户欠费 1 000 元，欠费逾期 334 天时，应缴纳 1 000 元滞纳金，如用户仍继续欠费，滞纳金不再增加，以后用户缴纳该笔欠费时，也只缴纳 1 000 元滞纳金。

4.1.3 实时信控

实时信控是指通过系统的实时计算，对符合条件的用户实时进行催缴、停机或银行实时划扣的过程。

从企业的角度而言，实时信控的作用是有效防范并降低移动业务欠费风险；从用户的角度而言，实时信控的作用是确保用户权益和用户感知不受影响。

实时信控的适用对象包括后付费公众固定电话用户、后付费公众单宽用户、后付费天翼手机用户。

4.1.3.1 固定电话业务实时信控

固定电话业务实时信控的实施对象是后付费私人住宅用户及个体用户。

信控规则如下：长途电话（含 IP 长途电话）通信费每满 50 元送托一次，第一次扣款不成功，不会转催缴系统，在第三天再次送托，如仍不成功，则进行单停。如果在单停之前，该电话又产生满 50 元的话费，则会再次送托，否则将不会再进行送托，除非用户存钱后触发 10000 号实时扣费系统或到每月账期时再送托。系统在节假日则照常送托。为减轻业务前台的压力，10000 号客户服务代表应建议用户存钱到银行账户，并进行实时扣费触发。由于每月账期刚好是银行扣款的时间，用户不能通过 10000 号触发实时扣款，因此不存在重复扣款的问题。

4.1.3.2 宽带业务实时信控

宽带业务实时信控的实施对象是公众客户后付费单宽带套餐用户。

信控规则如下：用户初始信用额度为 100 元，信用等级为“1A”。当用户实时欠费达到 80 元（信用额度为 20 元）时，欠费用户触发托收银行扣款，当实时欠费达到 100 元（等于信用额度）时，系统自动触发停机前提醒，半小时后进行停机。

单宽带信控的日租实时计费规则为套餐额/当月实际天数×实际使用天数。在月结出账时，系统会剔除信控停机天数的日租；当天停机当天复机，日租照收。

例如，套餐额为180元的用户，7月14日，信控计算套餐使用费为180÷31×14=81.29元。

用户入网3个月后，系统进行信用额度动态调整。缴费情况良好的客户，信用额度调高为200元（实时欠费最高为200元）；缴费情况较差的客户，信用额度调低为0元（用户需每次预存100元方可正常使用）。之后，系统每半年进行一次信用额度调整。

4.1.3.3 **移动业务实时信控**

移动业务实时信控是由系统实时计算用户的消费情况（包括月租费、通话费、短信费、上网费、综合增值服务费等），当用户的实时话费达到银行扣费限值时，系统就会自动发起扣费。若用户账户余额不足以支付累计话费，系统还可以透支为其提供的透支额度（在开户时确定）。如果透支额度消费完，用户将会收到“停机预警”短信，进而被限制呼出。

移动业务实时信控的实施对象是后付费天翼手机用户。

新入网号码执行先预存后使用的预付模式。

对公托收的手机号码，固定透支额度值默认为“主卡套餐月费”的4倍（向上十位取整，副卡参照主卡套餐月费计算）。

绿名单用户下手机号码的透支额度为1 000元。

入网副卡信控额度根据主卡信控额度分类设置。若主卡透支额度为0元，则副卡也设透支额度为0元；若主卡为非0元透支额度，则副卡透支额度统一设置为50元。

除以上三种情况外的手机号码，固定透支额度值默认为0元。

中国电信对入网用户在入网当天给予50元的临时信用额度，有效期24小时。

临时信用额度是指用户基本信用额度不能满足需求时，由用户发起，在当前信用期限内临时申请增加的信用额度（见表4-4）。临时信用额度生效期间，用户可以使用的信用额度等于基本信用额度和临时信用额度之和。

表 4-4 授予临时信用额度

授信用户所属客户类别	授予临时信用额度		
	新增额度/元	有效期/天	调整次数/次
7 星客户	300	7	1
6 星客户	200	7	1
5 星客户	100	7	1
4 星及以下客户	50	3	1

注：临时授信属账期内服务，用户存在超过缴费期的欠费时，不允许办理紧急开机或临时授信。

用户使用的信用额度达到预警标准时，系统需对用户进行信控预警，提醒用户及时充值缴费。

催停额度(剩余可用额度)=(初始信用额度+临时信用额度+本金余额)-(累计欠费+实时话费)。

银行实时托收仅在用户信控停机前发送短信提醒，即剩余额度小于 0 元时发送信控催缴短信以提醒用户。

非银行实时托收（含现金），即当用户累计未付的通信费用即将达到“透支额度”时，系统会分 3 次在用户的“剩余可用额度”分别小于 20 元、10 元、0 元时发送信控催缴短信以提醒用户充值。

信控预警提醒方式为短信。

当用户催停额度到达信控停机标准时，中国电信可以对用户进行信控停机。信控停机分为单向停机和双向停机。

催停额度到达 0 元时，系统实施单向停机。

单向停机后 7 天内用户如未及时充值或成功发起银行划扣，系统将自动触发信控双停（限制呼出和呼入）。

信控停机期间，用户可以可拨打 10000 号、110、119、120 等特殊号码。

假设初始信用额度为 100 元，临时信用额度为 0 元，本金为 0 元，累计欠费为 0 元。信控停机操作如表 4-5 所示。

表 4-5 信控停机操作 单位：元

实时费用	0	80	90	100
信控停机操作	无	第一次提醒	第二次提醒	停机提醒
剩余额度	100	20	10	0

假设初始信用额度为300元，临时信用额度为0元，本金为0元，累计欠费为0元。信控停机操作如表4-6所示。

表4-6 信控停机操作 单位：元

实时费用	0	280	290	300
信控停机操作	无	第一次提醒	第二次提醒	停机提醒
剩余额度	300	20	10	0

当用户的剩余可用额度值小于20元时，系统自动触发银行实时托收，划扣额度默认为100元。

实时划扣的金额是存入主副卡设备级余额账本的，因此主副卡可共享使用，但其他业务（如宽带、固话、IPTV）是无法共享使用的。

系统对划扣失败的用户发送划扣失败短信，划扣成功暂不发提醒短信。

4.2 缴费方式

4.2.1 银行托收

银行托收分为储蓄卡（借记卡）托收和信用卡（贷记卡）托收。

储蓄卡（借记卡）托收只接受人民币账号，不可接受任何外币账号。

信用卡（贷记卡）托收只接受以境内身份证开户的账号鉴权和电信费用托收，不支持其他证件。信用卡（贷记卡）托收只针对公众用户开放，且账号只能供用户本人的电信费用托收使用。

对于新装未扣款的在线订单，如用户需更改银行账号，系统暂无法支持改为信用卡账号。

银行账号鉴权业务只针对私人用户在业务前台及10000号申请业务（新装除外）时，对私人用户提供的银行账号进行有效性认证，不需要用户前往银行确认盖章。如未能通过鉴权或涉及对公账号，处理流程维持不变（仍需出具银行证明或盖银行章的协议书）。

号码在拆机前已办理银行托收，该号码产生的费用在办理拆机后的一年内仍会进行正常批量送托。客户服务代表可以实时触发银行托收。

月结费用托收时间为每月的6日、13日、23日。

4.2.2 深信 e 付通

深信 e 付通是中国电信深圳分公司（深圳电信）以翼支付为基础构建的快捷支付，将一次性费用、月结费用进行打包组合，通过短信、邮件、易信、微信等渠道将支付信息推送给用户，用户收到带支付号的安全链接后，可基于线上（PC 和手机）、线下（POS 机）的支付渠道进行支付，缴费成功后系统自动实现销账、结算等。

深信 e 付通支持深圳电信业务的一次性费用、实时话费、后付费业务的月结欠费缴纳以及拆机缴费。

对于一次性费用，深信 e 付通只支持全额缴纳，不支持部分缴纳。

号码实时话费达到了信用额度费用后，产生的实时话费需用户缴费。例如，号码信用额度是 50 元，实时话费达到了 50.01 元，深信 e 付通即可发送缴费链接。

对于后付费业务的月结欠费，深信 e 付通只支持同一合同号下所有月结欠费一次性缴纳，不支持部分缴纳。

用户对名下号码拆机后的欠费可以通过缴费编码查询后发送缴费链接并进行缴费。

深信 e 付通暂不支持充值业务。

深信 e 付通的支付链接和支付号是有有效期的，并且是一样的有效期间。例如，4 月 1 日生成的请求，4 月 2 日 24 点前有效。

一般情况下，用户缴费后 5 分钟内系统（MBOSS）会完成销账，如果系统当天没有销账，第二天系统自动对账发现后会自动补销。如果第二天系统补销时发现用户已经从其他渠道缴费，则会自动触发退款流程，在 7 个工作日内将缴费款返回到用户当初扣款的银行卡中。

针对一次性费用（包含宽带续约订单）尚未缴纳的订单以及有月结欠费的用户，系统自动发送提醒短信，用户可以通过短信中的支付链接进行缴费。

深信 e 付通对一次性费用未缴纳的订单进行提醒，规则如下：周一至周五对 3 天内的一次性费用进行缴纳提醒，周六和周日对 7 天内的费用进行缴纳提醒，月末两天对近 3 个月内的费用进行缴纳提醒。由于深信 e 付通目前只能取到 T+1 的数据，因此业务受理后最快第二天才能进行缴纳提醒的短信推送。

4.2.3 微信支付

充话费是一项自助服务，用户可以通过微信、网银或翼支付对手机、固定电话以及宽带进行充值缴费。

微信充值的三种渠道如下：

（1）微信钱包充值（非中国电信合作业务）。

渠道说明：微信钱包的充值业务非中国电信合作业务，对于微信钱包手机充值业务不到账问题，用户需要联系腾讯公司处理。

（2）微信公众号——中国电信客服。

渠道说明：微信公众号——中国电信客服的充值渠道为省内充值渠道，用户如遇充值未到账问题，可以在公众号中的“福利帮助”功能中，联系在线客服或拨打 10000 号客服热线查询。

（3）微信公众号——中国电信营业厅。

渠道说明：微信公众号——中国电信营业厅的充值渠道是集团掌上营业厅充值渠道，用户如遇充值未到账问题，可在公众号中的“自助服务”功能中，联系在线客服或拨打 4008167189 客服热线查询。

4.2.4 中国电信充值付费卡

中国电信充值付费卡（简称充值付费卡）是为了方便用户向中国电信各类电信业务的账户（包括预付费业务、后付费业务以及支付业务的账户）进行充值付费而提供的一类电信卡产品。

充值付费卡分为全国卡和省卡。用户使用充值付费卡（全国卡）可以在全国范围内为所有中国电信天翼手机、固定电话、宽带等各类业务充值付费。

用户使用充值付费卡（省卡）在充值付费卡归属省份范围内可为该省所有中国电信天翼手机、固定电话、宽带等各类业务充值付费。

用户使用充值付费卡（省卡）在充值付费卡归属省份范围内可为外省来访手机进行充值付费；手机用户在漫游到外省后，可购买当地的充值付费卡（省卡），在当地通过本机进行充值。

漫游到港澳台地区的天翼号码用户，不能购买当地的充值付费卡充值。

服务平台如下：

（1）语音接入号：用户拨打 11888 接入号即可进行充值付费操作。

（2）欢 go 网站：用户登录 http://gd. 189.cn 即可进行充值付费操作。

（3）短信接入号：用户使用天翼手机和小灵通时，通过发送指定短信内容到 10001 号即可进行充值付费操作。

业务说明如下：

（1）充值付费卡成功充值后，充值的余额不可以提取或转移到其他号码上。

（2）充值付费卡只能一次全额使用，不能分多次使用，不可反复充值。

（3）在 24 小时内，用户使用同一主叫号码累计输入 10 次错误的充值卡密码后，其主叫号码将不能继续拨打 11888 充值，需要 24 小时后才能再次拨打 11888 充值。

4.2.5 空中充值

空中充值业务是指用户在空中充值代理网点向代理商以现金方式付费后，代理商使用短信和 Web 等接入方式，通过代理商账户转账，为中国电信各类预付费和后付费用户提供全业务充值和付费服务的一种充值付费业务。目前，空中充值主要适用于固定电话、小灵通、天翼手机和天翼宽带的公众用户。

空中充值不适用的用户如下：

（1）政企用户。

（2）上一年度月均消费（以计费出账为准）在 1 000 元（不含）以上的后付费公众用户。

空中充值业务内容如下：

（1）用户需要对电信产品进行充值和缴费时，到代理点提出充值请求，代理点使用空中充值系统为用户的电信产品充值和缴费，用户和代理点之间的交易采用现金交易。

（2）后付费用户缴费有两种方式：一种是按号码进行缴费，即只是缴纳单个号码的欠费；另一种方式是按合同号进行缴费，即对关联在该合同号下的所有电话及宽带等终端的欠费进行统一缴费。

空中充值业务说明如下：

（1）后付费用户单次充值金额不低于 10 元，预付费用户单次充值金额不低于 30 元，单次充值金额不高于 3 000 元。

（2）成功充值后，充值的余额不能提取，也不能转移给其他号码。

（3）在每次成功充值后，小灵通和天翼用户会收到两条到账确认短信，一条是由省级代理商平台发出的，一条是由中国电信 10001 号发出的。用户收到这两条确认短信，表明金额已到账。

4.3 一次性费用业务

4.3.1 一次性费用托收

一次性费用托收的类型如下：

（1）本地网所有用户的 APS 新装、后付费固定电话新装、ISDN 新装、ADSL（新装或换装）、LAN 新装。

（2）本地网所有电话（APS 除外）改号业务的一次性费用。

（3）本地网所有电话迁移业务的一次性费用。

针对一次性费用欠费的用户，系统每天只送托一次，系统最多送托 40 次，超过则需人工触发扣费。

一次性费用托收的注意事项如下：

（1）一次性费用托收问题。对于用户来电查询一次性费用送托情况的，客户服务代表除了在系统中查看以外，还需要在银行托收系统中用银行账号再次查看。如果发现有用户在系统中没被扣款，但在银行扣费系统中已经被扣款，此类情况不需要再送托，直接报故障处理即可。业务前台一定要两边一起查，确定两个系统都显示没有扣到款，才帮用户做在线托收。

（2）一次性费用发票。营业厅可补打印一次性费用发票。中国电信要求用户凭原发票用户的有效证件到营业厅补打。目前，营业厅只开放半年内的一次性发票补打业务，超过半年的，视为个案处理，10000 号前台可下支撑单转相关部门处理。

用户提供的一次性费用银行账号必须与月通话费的银行托收账号相同。

一次性费用通过银行扣款成功后，在未处理完毕前，对于因系统或用户原因撤销业务的，已扣款成功的一次性费用将在 7 个工作日内退还原扣款账号；完工后，不能退还一次性费用。如果用户对退款时限有争议，业务前台可按以下口径向用户解释：“由于涉及审批和后续的银行处理，7 个工作日只是处理退款的最大时限，在此期间我们会尽快处理，请您稍后留意退款情况，不便之处请见谅！”

4.3.2 一次性费用退费说明

4.3.2.1 银行托收

（1）储蓄卡。撤单后系统自动在7个工作日内将费用退回原账号。

（2）信用卡。信用卡退款具有实时退款功能。用户采用信用卡进行托收缴费的，在撤单或业务前台录入、执行退款后，费用会退入用户的托收信用卡中。

已经完工的优惠类订单，由于费用已进入账户余额，因此余额的支取只能采取退现金的方式，暂不支持退到信用卡。

用户通过POS机刷卡不属于第一种情况，需要到营业厅退款。由于退费需后台审批，因此业务前台应与用户确认退款营业厅，下单给工作流（备注好营业厅），在审批后，由后台工作人员联系用户带上证件原件到营业厅退款。

信用卡退费时限与银行储蓄卡退费时限一致。如遇节假日、周六和周日、晚间（08：30—17：30外）等非工作时间，则无法当天完成审批，可能需要用户再次前往营业厅退费。因此，业务前台在引导用户去营业厅时应提醒用户避开非工作时间去办理退费。

4.3.2.2 营业厅

个人用户凭以下资料到营业厅办理退款：

（1）发票原件（余额退现金除外）。若无发票，用户需填“无发票退款申请表”。

（2）机主身份证及经办人身份证复印件。

注：单笔6 000元以上的不能退现金。

单位用户到营业厅办理退费需携带以下资料：

（1）发票原件（余额退现金除外）。若无发票，用户需填“无发票退款申请表”。

（2）单位营业执照复印件。

（3）单位委托证明（加盖单位公章）、收款证明（加盖单位公章）和经办人身份证复印件。单位委托证明必须写明委托××人办理退现金，同时单位出示的收款证明须写明“已收到××电信服务中心现金退款××元”。

4.3.2.3 欢go网站

业务前台提交工单转后台协助处理，费用在15个工作日内被退回。

4.3.2.4 **第三方电子支付（如微信）**

用户要求退费，则费用按原路径退回。退费流程完成后，费用会按照原缴费路径退回用户相应的第三方支付平台账户。目前，微信扫码支付的费用在发起退费并通过审批后，约7个工作日内会到账。系统不支持自动退费，业务前台需下工单转后台处理。

4.3.2.5 **支付宝、财付通**

用户要求退费，则费用按原路径退回。假设用户使用的是支付宝余额，则费用于15个工作日内退回到支付宝余额中；假设用户使用的是支付宝快捷支付，则费用于15个工作日内退回到当时支付的银行卡中。系统不支持自动退款，前台需下工单转后台处理。

4.4 催缴服务

4.4.1 催缴

常见催缴方式包括自助语音欠费催缴、短信催缴提醒、委托代理追欠公司催缴。

中国电信对合同号下所有号码都欠费且欠费6个月以上的，不再催缴；对合同号下所有号码都拆机的，不催缴；对合同号下部分号码正常的，按正常情况催缴；对一个合同号下有多个产品的客户，以合同号为单位进行催缴，避免由于同一个用户名下有多个产品而产生多次打扰的问题。

4.4.1.1 **自助语音欠费催缴**

（1）催缴时间。

①当月费用9号开始，往月欠费整月循环，批托期间暂停外呼（每月6日至8日，13日至14日，23日至24日）。外呼时段为09：00—22：00。免打扰时段为12：00—14：00，暂停外呼。

②最大呼出成功次数。同一合同号下，当日成功外呼不超过1次；同一合同号下，当月成功外呼不超过8次。

③呼出成功间隔时间。同一合同号下，成功外呼间隔时间为5天。

④催缴外呼号码选择顺序。停机、拆机不外呼；外呼号码遵循手机优先于固定电话、业务号码优先联系的原则，将外呼号码划分成四级优先级——

合同号下天翼号码、联系电话上的手机号码、合同号下固定电话、联系电话上的固定电话号码，按优先级排序进行外呼，进一步提高外呼接通率。

（2）催缴端口。

①本网号码：10000 号。

②他网号码：区号+10000 号。

（3）催缴金额。

①合同号总欠费金额。中国电信以合同号（Acct-nbr，也叫账户、缴费编码、合同编码）为单位进行催缴，催缴的金额为整个合同号下所有产品的欠费，避免因同一个用户下有多个产品而造成重复多次打扰。

②催缴金额不含滞纳金。

4.4.1.2 短信催缴提醒

（1）催缴时间。

①批托期间不催缴（6 日至 7 日、13 日至 14 日、23 日至 24 日）。

②8：30—22：00 期间短信催缴，期中 12：00—14：00 期间不进行短信通知。

③对于成功催缴的客户，一般 5 天内不得进行二次催缴。目前，这一规则是针对同一账户下的所有号码均催缴。如用户有多个欠费号码、多个联系电话，则该规则可能无效。

（2）催缴端口。例如,中国电信深圳分公司的短信端口为 1065975510001。

4.4.1.3 委托代理追欠公司催缴

用户对欠费委托代理追欠公司催缴而非 10000 号通知，或者对委托代理追欠公司身份产生质疑时，业务前台的解释口径：“根据欠费催缴业务规则，欠费 1~2 个月的用户，局方有自动分类及区分公司的催缴通知，3 个月及以上欠费交委托代理追欠公司通知，局方与委托代理追欠公司有合同约定，对客户资料保密。”

4.4.2 服务提醒短信

4.4.2.1 套餐使用提醒（阈值提醒）

目前，很多套餐都以包月的形式让用户享有一定的业务量，当月用户用完这些业务量的时候，电信公司将最新消费情况主动通知用户，称为阈值提醒服务。用户在套餐内包月享有的业务量称为提醒阈值。基础套餐、语音时长、短信数量在达到客户定制的套餐额度档位时（80%、100%以及 100%的整数倍时）触发短信提醒。

4.4.2.2 套餐定期提醒服务（默认不发送）

电信公司每月定期两次通过短信方式将移动电话当月实际消费情况通知用户，称为定期提醒服务（包括移动电话发生的语音、基础流量、短信等电信业务，但不涉及其他增值业务）。用户需要主动申请该功能。用户开通该功能后，电信公司每月两次（11 日、21 日）提示本机各项业务套餐额度、累计消费业务量。

4.4.2.3 套餐使用不足提醒

用户开通套餐使用不足提醒后，有助于提醒用户使用剩余较多的套餐业务，避免浪费。该项服务提醒默认关闭（用户需主动开通后才会收到该提醒短信）。用户可以免费开通，相关提醒项目如下：每月 20 日对上网流量、时长不足套餐 50%的用户进行提醒，同类业务使用不足的合并提醒。

4.4.2.4 定期流量提醒

定期流量提醒系统默认每月 11 日、21 日自动触发流量提醒，用户可以按需求单独定制为每月 4 次（6 日、12 日、18 日、24 日触发）。流量定期提醒只针对基础流量。基础流量包括主套餐内流量、流量包、加餐包和流量卡。定制服务提醒可以按照需求退订。

4.5 发票、账单和清单

4.5.1 发票

4.5.1.1 增值税电子普通发票

增值税电子普通发票是指在购销商品、提供或接受服务以及从事其他经营活动中开具或收取的以电子方式存储的收付款凭证。

发票说明如下：

（1）购买方名称（发票抬头）。对于月结费用发票，用户可以根据需要选择用户名称（机主名称）或账户名称（付款银行账号的用户名称）。对于一次性费用发票，用户可以根据需要选择用户名称（机主名称）或账户名称（付款银行账号的用户名称）。

（2）纳税人识别号需对应发票名称。自 2017 年 7 月 1 日起，购买方为企业的要主动向销售方提供纳税人识别号或统一社会信用代码。不符合规定的发票不能作为税收凭证。

（3）费用项目名称。月结费用发票费用项目包含通信服务费和滞纳金（不再和原纸质话费发票一样有 10 多个费用项目名称）。

一次性费用发票根据办理业务显示费用项目，如固定电话装机工料费。

（4）发票查询、打印周期。中国电信支持查询、下载、打印最近 12 个月的发票。

欢 go 网站、自助终端仅支持查询、下载、打印最近 6 个月的发票。

月结费用发票获取的规定如表 4-7 所示。

表 4-7　月结费用发票获取的规定

缴费方式	缴费渠道	发票类型	推送时间
现金/刷卡	银行网点现金缴费	提供月结费用发票	扣费且销账成功后，10 个工作日自动推送
	电信营业网点现金缴纳已出账费用	现场打印电子发票	—
	电信营业网点现金预存费	后付费用户可选择开具一次性费用发票或月结费用发票（现有模式）	月结费用发票在扣费且销账成功后，10 个工作日自动推送
		预存费根据办理情况分别标示是否已开发票	一次性费用发票在现场打印
	购买充值付费卡	通过对应的充值渠道获取发票	—
托收	微信托收	提供月结费用发票	扣费且销账成功后，10 个工作日自动推送
	中国电信委托签约银行代扣		
自助缴费	营业厅自助终端		
	欢 go 网站		
	微信公众号		
	拉卡拉		
	电子代办		
	银联易办事刷卡缴费		
	交银自助通		
	深信 e 付通		

一次性费用发票获取的规定如表 4-8 所示。

表 4-8 一次性费用发票获取的规定

缴费方式	缴费渠道	发票类型	推送时间
现金	电信营业网点现金缴纳话费	需人工开具电子发票	不会自动推送，需使用订单编码查询后开具电子发票
托收	中国电信委托签约银行代扣	需人工开具电子发票	不会自动推送，需使用订单编码查询后开具电子发票
自助缴费	欢 go 网站	仅支持在欢 go 网站缴费的一次性费用订单开具电子发票，不支持在其他渠道缴费的补开一次性费用发票，但可以查询、下载	不会自动推送，需使用订单编码查询后开具电子发票
	深信 e 付通	需人工开具电子发票	

注：10000 号办理新装、迁移、续约等业务，涉及一次性费用发票时，如业务前台已选一次性费用发票及登记电子邮箱，而订单完成后 3 个工作日内系统未能自动补推一次性费用电子发票，则需重新推送。

用户自行下载发票后可以在任意打印机上打印（次数不限制），没有补打字样。普通（喷墨/激光）黑白打印机均可，纸张没有限制。客户若遗失推送短信，可以自行登录欢 go 网站进行查询、下载以及打印，也可以致电 10000 号或前往营业厅要求重新推送。

4.5.1.2 增值税专用发票

增值税一般纳税人可以获取中国电信开具的增值税专用发票（由国家税务总局监制设计印制，即增值税专用发票是国家税务总局出具的发票），用于抵扣增值税，从而降低税负。

增值税专用发票通常适用于增值税一般纳税人（企业用户）。

用户只能到指定营业厅自取增值税专用发票。

营业厅一次性最多可以打印最近 6 个月内的增值税专用发票。

对于合同金额明确、提前预付合同款的情况，用户可以选择在实际消费后开具增值税专用发票。

对于一次性收取全年费用的增值税一般纳税人用户，电信公司只能分月计算收入、纳税并提供开票服务，不提供全年一次性费用的增值税专用发票。

4.5.2 账单

账单是用户消费的对账单，主要用于核对后付费用户名下全部或部分销售品消费的准确性，附带提供费用支付、使用量、积分等信息。电信公司对预付费用户不提供账单查询服务，用户可以登录中国电信网上营业厅查询具体消费清单。

电子账单生效时间为当月 5 日（含 5 日）前修改，当月生效；当月 5 日后申请，次月生效。用户在每月 12 日前可以收到电子账单。

用户可以拨打客服 10000 号，凭客服密码定制电子账单。

用户可以通过营业厅业务前台定制电子账单。

用户可以通过营业厅的自助终端定制电子账单。

电子账单查询方式如表 4-9 所示。

表 4-9 电子账单查询方式

查询渠道	适用用户群	查询方式	查询周期
欢 go 网站	中国电信后付费、预付费所有用户	登录中国电信欢 go 网站→自助服务→费用查询→账单查询	每月 6 日后可查询上个月账单；可查询最近 12 个月的账单
掌上营业厅	中国电信后付费天翼手机用户	登录掌上营业厅→费用查询→账单查询	每月 6 日后可查询上个月账单；可查询最近 12 个月的账单
		安装电信营业厅客户端（欢 go 客户端）→登录→历史账单	每月 6 日后可查询上个月账单；可查询最近 12 个月的账单
广东天翼客户端	中国电信后付费天翼手机用户	安装客户端→登录→消费查询→账单查询	每月 6 日后可查询上个月账单；可查询最近 12 个月的账单
短信营业厅	中国电信后付费、预付费天翼手机用户	查询上个月的账单：发送“104 或 zd”至 10001 号；查询最近 12 个月的账单：发送“ZD＃YYYYMM”至 10001 号，如“ZD#201103”	每月 6 日后可查询上个月账单；可查询最近 12 个月的账单
自助终端	中国电信后付费、预付费所有用户	自助终端→费用查询→账单查询	每月 6 日后可查询上个月账单；可查询最近 12 个月的账单

4.5.3 清单

清单，即清单查询，是中国电信为客户提供的详细消费记录查询服务，包括语音清单、短信清单、数据清单、增值清单，每条使用记录都清晰可见，消费明明白白。

语音清单适用于固定电话、天翼手机用户。

短信清单适用于天翼手机用户。

数据清单适用于天翼手机、宽带用户。

增值清单适用于固定电话、天翼手机、宽带用户。

语音清单查询如表 4-10 所示。

表 4-10 语音清单查询

清单类型	查询/打印	查询渠道	查询指引	查询时间	查询周期	可查询内容
市话清单	只提供查询服务，不提供打印服务	①欢go网站；②营业厅自助终端；③广东天翼客户端（掌上营业厅客户端）	①欢 go 网站凭客户密码查询。天翼手机需同时凭本机接收短信验证码方可查询。②营业厅自助终端凭客户密码查询。天翼手机需同时凭本机接收短信验证码方可查询	①欢 go 网站：可以实时查询。②营业厅自助终端：当月清单下月 6 日起可查询	以月为周期提供查询服务，系统提供最近 6 个月的清单供用户查询	通话类型、对方号码、通话时长、通话费用、呼叫类型、主叫通话地。固定电话无法查询被叫通话清单（接听电话的清单）
长话清单	提供查询和打印服务					

短信清单查询如表 4-11 所示。

表 4-11 短信清单查询

清单类型	查询/打印	查询渠道	查询指引	查询时间	查询周期	可查询内容
短信清单	提供查询及打印服务	①欢go网站；②营业厅自助终端；③广东电信手机客户端	①欢 go 网站凭客户密码查询。②营业厅自助终端、广东电信手机客户端凭客户密码查询。天翼手机需同时凭本机接收短信验证码方可查询	①欢 go 网站、广东电信手机客户端：可以实时查询。②营业厅自助终端：当月清单下月 6 日起可查询	以月为周期提供查询服务，系统提供最近 6 个月（含当月）的清单供用户查询	使用号码、对方号码、发送时间、通信费、短信类型。用户仅可查询短信发送清单，系统不提供接收短信清单的查询

数据清单查询如表 4-12 所示。

表 4-12 数据清单查询

清单类型	查询/打印	查询渠道	查询指引	查询时间	查询周期	可查询内容
天翼手机	提供查询及打印服务	①欢go网站；②营业厅自助终端；③广东天翼客户端（掌上营业厅客户端）	①欢go网站凭客户密码查询。天翼手机无需短信验证码即可查询数据清单。②营业厅自助终端凭客户密码查询。天翼手机需同时凭本机接收短信验证码方可查询	①欢go网站：可以实时查询。②营业厅自助终端：当月清单下月6日起可查询	以月为周期提供查询服务，系统提供最近6个月的清单供用户查询	使用号码、开始时间、时长、流量、网络类型、上网地点（WLAN上网清单不显示上网地点）、使用业务、费用
固网宽带	提供查询及打印服务	①欢go网站；②营业厅自助终端	凭宽带账号及客户密码查询	每天凌晨02:00以后可以查询当天00:00前的上网清单（即用户能查询到的最新记录为前一天的上网清单）	用户可查询最近6个月的清单	

增值清单查询如表 4-13 所示。

表 4-13 增值清单查询

清单类型	查询/打印	查询渠道	查询指引	查询时间	查询周期	可查询内容
增值清单	提供查询及打印服务	①欢go网站；②营业厅自助终端	①欢go网站凭客户密码查询。天翼手机需同时凭本机接收短信验证码方可查询。②营业厅自助终端凭客户密码查询。天翼手机需同时凭本机接收短信验证码方可查询	①欢go网站：可以实时查询。②营业厅自助终端：当月清单下月6日起可查询	以月为周期提供查询服务，系统提供最近6个月的清单供用户查询	使用号码、使用时间、服务提供商、产品名称、业务类型、时长、流量、信息服务费

10000 号人工服务不提供清单查询服务。客户服务人员的解释口径："您好！为保障隐私和信息安全，10000 号不提供业务使用清单信息查询，您可以通过欢 go 网站或前往电信营业厅进行自助查询。"

出账初期（每月 3 日至 4 日）清单查询会出现异常，这是由于目前后付费清单数据量大，系统存储空间略显不足，导致每月出账后的清单加载处理所需时间有所延长，如遇大文件加载出错，还需重复加载。用户在加载期间（每月 3 日至 4 日）查询出来的清单可能存在与用户账单费用不一致现象，易引起用户投诉。客户服务人员需做好客户解释，解释口径：“您好！为提供更好的客户查询清单服务，我公司会在每月 5 日之前对当期出账清单进行重新整理，在此期间您查询到的上月清单费用与账单费用可能会出现不一致的情况，实际结果请以账单费用为准。如需更准确的查询结果，建议您在每月 5 日之后再次尝试查询。由此给您带来不便，敬请谅解。”

复习与思考：

1. 用户的天翼手机号码卡是 30 日激活的，通过系统查询到用户号码每个月 28 日扣月租，请问该号码是什么月结方式？

2. 以个人名义开户的商业用途固定电话用户有信控额度吗？如果有，信控额度是多少？

3. 我用身份证刚新装了一条后付费宽带，我的宽带信控额度是多少？

4. 我的手机信控额度是 100 元，目前我没有可用余额，实时欠费 70 元，往月欠费 31 元，现在我的号码是什么状态？

5. 增值税专用发票每个月如何提供给用户？

6. 我的月结欠费通过银行托收以后，多久会收到增值税普通发票？

7. 增值税普通发票可以补打最近几个月的？每个月可以打几张？

8. 用户欠的实时话费可以通过“深信 e 付通”缴纳吗？

5 中国电信客户品牌

5.1 天翼套餐

天翼与“添翼”谐音，寓意中国电信的移动业务使用户如虎添翼。同时也寓意中国电信有了移动业务资格后如虎添翼，强化了综合信息服务提供商的定位。

5.1.1 2019 版天翼畅享套餐

2019 版天翼畅享套餐是面向天翼手机用户推出的天翼手机套餐。套餐有多个档次可供用户选择，月租 59~999 元。每个档次均提供相应的境内通话分钟数和境内上网流量服务，套餐还包含来电显示、189 邮箱服务。

套餐档次如表 5-1 所示。

表 5-1 套餐档次

档次/元	59	79	99	129	169	229	269	299	399	499	599	999
境内通话/分钟	100	100	300	300	700	1 200	1 400	1 500	2 000	2 500	3 000	5 000
境内流量/G	10	15	20	40	40	60	60	60	60	60	100	200

套餐基础信息如下：

（1）套餐包含 1 个手机号码。

（2）境内接听免费。

（3）赠送来电显示、189 邮箱服务。

套餐外资费如下：

（1）套餐外流量。境内上网当月使用流量超出套餐内包含的流量后，前 167MB 按 0. 03 元/MB 收费，达到 167MB（5 元）时，额外提供 857MB 流量（5 元/1GB），套餐外流量超过 1GB 时，仍按上述原则（每超出 1GB 按照 5 元/1GB 收费）收费，以此类推。600 元封顶，中国电信将暂停当月上网服务，次月初自动开通。

（2）套餐外语音。境内通话为 0. 15 元/分钟，通话时长计费单元为分钟，不足 1 分钟按 1 分钟计算。

（3）短信、彩信。境内短信、彩信为 0. 1 元/条。

业务规则如下：

（1）套餐内包含的境内上网流量可结转至次月使用，次月底未使用完的结转流量不再结转。

（2）套餐内包含的境内通话时长当月有效，不可累积至次月使用。

（3）99元及以上档次可以办理副卡，10元/（月·张）。主、副卡共享套餐内的分钟数和流量。对于副卡超出套餐外的部分，按照基础包套餐外资费收取。主、副卡共享余额账本，主卡信控或欠费停机时，副卡同时停机。缴费或充值后，主、副卡同时复机。

5.1.2 5G畅享套餐

5G畅享套餐是中国电信面向天翼手机用户推出的天翼5G手机套餐。套餐有三个档次可供用户选择，即月租129元、199元和299元。每个档次均提供相应的境内通话分钟数和境内上网流量服务，套餐还包含来电显示、189邮箱服务。

套餐档次如表5-2所示。

表5-2 套餐档次

档次/元	129	199	299
境内通话/分钟	500	1 000	1500
境内流量/G	30	60	100

套餐基础信息如下：

（1）套餐包含1个手机号码。

（2）境内接听免费。

（3）赠送来电显示、189邮箱服务。

套餐外资费如下：

（1）套餐外流量。超出套餐内流量按0.000 3元/KB计算，不足1KB按1KB计算，不足1分钱按1分钱计算；不足100MB按0.000 3元/KB收费，达到100MB（约30元）时，额外赠送用户400MB流量（30元/500MB）。套餐外流量超过500MB时，按上述原则收费，不足100MB按0.000 3元/KB计算，每超出500MB（含500MB）按30元收费，以此类推。600元封顶，中国电信将暂停当月上网服务，次月初自动开通。

（2）套餐外语音。境内通话 0.15 元/分钟，通话时长计费单元为分钟，不足 1 分钟按 1 分钟计算。

（3）短信、彩信。境内短信、彩信 0.1 元/条。

业务规则如下：

（1）套餐内包含的境内上网流量可结转至次月使用，次月底未使用完的结转流量不再结转。

（2）套餐内包含的境内通话时长当月有效，不可累积至次月使用。

（3）本套餐可以办理副卡，10 元/(月・张)。主、副卡共享套餐内的分钟数和流量，副卡超出套餐外部分，按照基础包套餐外资费收取。主、副卡共享余额账本，主卡信控或欠费停机时，副卡关联同时停机，缴费或充值后同时复机。

5.1.3 无忧卡套餐（2019 版）

无忧卡套餐（2019 版）是中国电信面向天翼手机用户推出的天翼 4G 手机套餐。用户办理本套餐可享受低月租（5 元/月）、境内接听不收费、套餐内含 200MB 境内流量、套餐外使用流量按照阶梯定价方式收费等服务。

套餐基础信息如下：

（1）套餐包含 1 个手机号码。

（2）境内上网流量 200MB/月。

（3）境内接听不收费。

（4）赠送来电显示、189 邮箱服务。

套餐外流量按照阶梯定价方式收费：

（1）用户当月使用境内流量在 1MB 至 1GB（含 1GB），按 0.02 元/MB 收取。

（2）用户当月使用境内流量在 1GB（不含 1GB）至 5GB（含 5GB），按 0.01 元/MB 收取。

（3）用户当月使用境内流量在 5GB（不含 5GB）以上时，按 0.005 元/MB 收取。

（4）境内上网无流量封顶值限制。

例如，某用户本月套餐外流量使用了 5GB（1GB = 1 024MB，即 5 120MB），则相应流量费用为 1 024×0.02+4 096×0.01 = 61.44 元。

境内通话为 0.1 元/分钟。通话时长计费单位为分钟，不足 1 分钟按 1 分钟计算。

境内短信为 0.1 元/条。接收短信不付费。

境内彩信为 0.3 元/条。

5.1.4 王卡套餐

王卡套餐是中国电信推出的预付费天翼手机套餐。用户办理本套餐后，月租为 19 元，可享受阿里大文娱系列、百度系列、天翼视讯、PP 视频境内定向流量（无需收费），还可享受来电显示、189 邮箱、境内接听无需收费等服务。

套餐基础信息如下：

（1）套餐包含 1 个手机号码。

（2）套餐包含 100 分钟境内通话时长。

（3）套餐包含阿里大文娱系列、百度系列、天翼视讯、PP 视频境内定向流量。

（4）境内接听无需付费。

境内上网按照 1 元包（1GB/日）收取，当天未产生境内流量不收费，用户境内流量超过 1GB 时，仍按上述原则（每超出 1GB 收费 1 元）收费，以此类推。境内流量当日有效，不可结转至次日使用。当月累计的总流量达到 40GB，则中国电信暂停当月上网服务，次月初自动开通。如果用户当月申请继续使用，则中国电信继续提供服务，对所产生的定向流量及通用流量按照套餐外资费标准收取。

套餐包含 100 分钟境内通话时长。对超出套餐的部分，按照 0.1 元/分钟收取，不足 1 分钟按 1 分钟计算。

境内短信、彩信为 0.1 元/条。

5.1.5 天翼日租卡套餐

天翼日租卡套餐是中国电信为新入网用户推出的预付费天翼手机套餐。套卡含 50 元话费，套餐 0 月租。用户手机在本地上网享受 1 元包 800MB 流量的优惠。

套餐基础信息如下：

（1）套餐包含 1 个手机号码，赠送来电显示、189 邮箱服务。

（2）境内接听免费。

（3）套餐包含价值 6 元的通信服务包（通信服务包由来电显示、七彩铃音和 189 邮箱组成，且三项功能均不能办理取消）。

天翼日租卡套餐（6 元档次）上网服务规定如下：境内上网畅享 1 元包 800MB/日资费优惠（1KB 至 800MB 均收 1 元），用户套餐外流量超过 800MB 时，仍按上述原则（1KB 至 800MB 均收 1 元）收费，以此类推。流量当日有效不可结转至次日使用。总流量达到封顶值（30GB），则中国电信暂停当月上网服务，次月初自动开通。

天翼日租卡套餐（19 元档次）上网服务规定如下：

（1）30GB 境内定向流量，可抵扣观看优酷视频、爱奇艺、PPTV 聚力、腾讯视频、天翼视讯手机客户端视频所产生的定向流量（仅含自有视频，不含图片、文字以及第三方视频，不包括手机客户端的视频下载功能所产生的流量）。

（2）当日境内流量使用总量小于或等于 2GB 时，按照每 1 元包 1GB/日收取；当日流量使用总量大于 2GB 时，按照 3 元/日封顶收取，使用户在当日上网时畅享流量。对于用户每月使用流量（不含定向流量、闲时流量）超过 30GB 的部分，将根据网络情况适当调整速率为不高于 1Mbps，次月恢复。当日累计通用流量达到 5GB 后，上网速率将调整至不高于 128Kbps，次日恢复。

境内语音按照 0.15 元/分钟收取，不足 1 分钟按 1 分钟计算。

境内短信、彩信为 0.1 元/条。

5.2 固网宽带套餐

5.2.1 公众单宽 100M、200M

公众单宽，即公众用户单宽带服务，是中国电信面向天翼宽带家庭用户推出的套餐。

套餐内容如表 5-3 所示。

表 5-3 套餐内容

速率（下行/上行）	100M/20M	200M/30M
包月/元	190	200
包年/元	2 090	—

100M 套餐宽带下行 100Mbps，上行 20Mbps；200M 套餐宽带下行 100Mbps，上行 30Mbps。

套餐可供 2 台电脑同时上网。对于同时上网的电脑台数超过该数量的用户，中国电信不提供共享质量保证，并建议用户选择符合需要的宽带产品。

宽带不提供二次拨号模式，若共享电脑台数大于 1 台，可以通过路由器的方式实现（目前大部分调制解调器都有路由功能，用户可以自己组网实现共享）。

套餐新装、停机、拆机当月收费说明如下：

（1）新用户：按对应速率单宽带资费标准，按天折算收取，以 100M 为例，190 元包月费用/当月实际天数×实际使用天数。

（2）老用户：按原资费收取。

用户可以通过欢 go、10000 号、客户经理以及营业厅办理。

5.2.2 城中村单宽带标准资费 50M

城中村单宽带标准资费 50M 是中国电信专为城中村用户推出的产品。缴纳城中村单宽带包月资费 120 元/月，用户即可享受 50M 宽带上网服务。

套餐内容如表 5-4 所示。

表 5-4 套餐内容

速率	50M
包月/元	120
包年/元	1 320

宽带下行 50Mbps，上行 10Mbps。

套餐可供 2 台电脑同时上网，对于同时上网的电脑台数超过该数量的用户，中国电信不提供共享质量保证，并建议用户选择符合需要的宽带产品。

宽带不提供二次拨号模式，若共享电脑台数大于 1 台，可以通过路由器的方式实现（目前大部分调制解调器都有路由功能，用户可以自己组网实现共享）。

套餐新装、停机、拆机当月收费说明如下：

（1）新用户：按对应速率单宽带资费标准，按天折算收取。

（2）老用户：按原资费收取。

用户可以通过欢 go、10000 号、客户经理以及营业厅办理。

5.2.3 后付费政企精品单宽带套餐 20M、50M、100M

后付费政企精品单宽带套餐 20M、50M、100M 是针对办理单宽带产品的后付费政企用户推出的服务。用户可选择办理 20M、50M、100M，享受电信宽带高速上网服务。

套餐内容如表 5-5 所示。

表 5-5 套餐内容

速率（下行/上行）	20M/2M	50M/8M	100M/8M
包月/元	280	480	580
包年/元	2 640	—	4 320

光纤宽带的上网账号默认提供 1 个上网会话（session），允许通过路由器的方式实现同时上网，电脑数量最高为 20 台。对于同时上网的电脑台数超过此数量的用户，中国电信建议其选择符合需要的宽带产品。

套餐费用说明如下：

（1）新装当月收费。

①新用户：按对应速率单宽带资费标准，按天折算收取。

②老用户：按原资费收取。

（2）停机当月收费。包月套餐有效期内，宽带可以办理停复机。停复机当月按整月月租收费。停机整月收取 12 元/月的端口占用费。

（3）拆机当月收费。在包年套餐有效期内办理拆机业务时，剩余的包年套餐费不退还。包月套餐拆机当月按正常使用收取整月月租。

用户可以通过 10000 号、客户经理以及营业厅办理。

5.3 5G 畅享融合套餐

5G 畅享融合套餐是面向 5G 用户推出的套餐。用户办理本套餐，可享受最高 500M 宽带不限时上网，手机主卡和副卡共享境内上网流量、境内通话时长，还可以享受套餐有效期内固定电话、IP 电视无月租等优惠。

套餐内容如表 5-6 所示。

表 5-6 套餐内容

<table>
<tr><th>融合档次/元</th><th>速率</th><th>手机月租/元</th><th>上网总流量</th><th>手机通话时长/分钟</th><th>副卡</th><th>ITV</th><th>40 元融合加装包</th></tr>
<tr><td>299</td><td>下行 500M，上行 50M</td><td>299</td><td>80G</td><td>1 500</td><td rowspan="3">含 2 张副卡</td><td rowspan="3">高清电视</td><td>—</td></tr>
<tr><td>269</td><td>下行 300M，上行 30M</td><td>229</td><td>70GB（含手机套餐 60GB+加装包 10GB）</td><td>1 000</td><td>必选</td></tr>
<tr><td>169</td><td>下行 200M，上行 30M</td><td>129</td><td>40GB（含手机套餐 30GB+加装包 10GB）</td><td>300</td><td>必选</td></tr>
</table>

套餐费用说明如下：

（1）境内范围主叫通话一口价为 0. 15 元/分钟。

（2）境内短信、彩信为 0. 1 元/条。

（3）境内上网当月使用流量超出套餐内包含的流量后，前 100MB 按 0. 03 元/MB 收费，达到 100MB（3 元）时，额外赠送 924MB 流量（3 元/1GB），套餐外流量超过 1GB 时，仍按上述原则（每超出 1GB 按照 3 元/1GB 收费）收费，以此类推。

副卡说明如下：

（1）本套餐包含 2 张副卡（免副卡月租）。

（2）副卡送来电显示及 189 邮箱服务。

（3）副卡共享主卡的上网流量和通话时长。

（4）关联规则是主、副卡共享余额账本，主卡信控或欠费停机时，副卡同时停机。缴费或充值后，主、副卡同时复机。

用户可以通过欢 go、10000 号以及营业厅办理。

复习与思考：

1. 2019版天翼畅享套餐最高档次月租是多少元？

2. 5G畅享套餐有没有来电显示、189邮箱服务？

3. 无忧卡套餐（2019版）的套餐外流量如何收费？

4. 王卡套餐的境内定向流量是什么意思？

5. 天翼日租卡套餐的通信服务包括什么内容？可以取消吗？

6. 公众用户单宽带套餐可供几台电脑同时上网？

7. 城中村单宽带标准资费50M，后付费政企精品单宽带套餐20M、50M、100M，5G畅享融合套餐分别针对什么用户？

6 中国电信星级服务

6.1 星级服务的定义

星级服务是中国电信为消费稳定、网龄长且信用记录良好的优质用户提供的积分倍增、10000 号优先接入、免费换卡、宽带紧急复机、星级客户经理、手机紧急开机、宽带上门服务、国际漫游免预存、营业厅优先办理等一系列差异化的高品质专属服务，是中国电信感谢用户长期支持的一项回馈举措。用户对名下所有登记产品均可享受星级服务。星级最高为 7 星，星级越高，用户可享受的服务权益越多。

用户星级每月评定一次，自次月 1 日起有效期为 12 个月。

星级服务适用于满足以下任一条件的用户：

（1）个人身份证件登记的有后付费产品的用户，且名下有未拆机、已激活、非公免公纳产品。

（2）单位证件下已登记“关联使用人”的号码，结合使用人的个人证件进行评级（评定星级）。

6.2 星级服务的评定标准

星级服务等级评定标准如表 6-1 所示。

表 6-1　星级服务等级评定标准

评定维度	综合评分定级标准	直享星级服务标准
评定条件	综合评分定级成长值取决于以下 3 个基本因素： ①最近 12 个月消费额； ②移动号码最长网龄； ③缴费信用情况	用户满足以下任一条件，可参与星级服务直享： ①审批通过的政企关键人用户； ②以个人证件登记（符合“用户实名制有效身份证件类型”要求），购买指定合约套餐、产品的用户
	星级服务评定的两个标准并存，采用就高原则，确定用户实享星级	

表6-1(续)

评定维度	综合评分定级标准	直享星级服务标准
评定细则	用户等级对应以下不同的成长值： 1 星：600≤成长值<1 000； 2 星：1 000≤成长值<1 500； 3 星：1 500≤成长值<2 300； 4 星：2 300≤成长值<4 000； 5 星：4 000≤成长值<6 000； 6 星：6 000≤成长值<8 000； 7 星：成长值≥ 8000	符合对应的直享星级服务标准，用户即可享受对应的星级服务。 ①星级服务套餐分为 7 档：1 星、2 星、3 星、4 星、5 星、6 星、7 星； ②星级服务套餐对应的直享成长值与评分定级标准一致，即 1 星 600，2 星 1 000，3 星 1 500，4 星 2 300，5 星 4 000，6 星 6 000，7 星 8 000； ③订购特定机型或指定合约用户的直享标准：原钻石级、黄金级、白银级会员直享套餐将直接过渡为星级会员 7 星级至 5 星级直享套餐； ④政企关键人的直享标准：为经过单位授权的政企关键人配置 4 000、6 000、8 000 直享成长值，授予 5 星、6 星、7 星级会员等级

6.3 电信专享权益

电信专享权益如表 6-2 所示。

表 6-2 电信专享权益

<table>
<tr><th rowspan="2">星级</th><th colspan="9">固定星级服务权益</th><th colspan="3">非固定星级服务权益</th></tr>
<tr><th>积分倍增/倍</th><th>10000号优先接入</th><th>免费补(换)卡/人次/自然年</th><th>宽带紧急复机/次/月</th><th>星级客服经理</th><th>手机紧急开机(临时授信)</th><th>宽带上门服务、免费移机</th><th>营业厅优先办理</th><th>智能组网(免费)/次/年</th><th>积分礼包/网龄礼包</th><th>流量赠送</th><th>优惠/优先购机</th></tr>
<tr><td>7 星</td><td>5</td><td rowspan="2">专家坐席</td><td>3</td><td>1</td><td>√</td><td>√</td><td rowspan="2">固定电话、宽带和广东IPTV每年各有一次免费移机</td><td>√</td><td>1</td><td colspan="3" rowspan="7">不定期推出优惠，使不同星级享受不同优惠</td></tr>
<tr><td>6 星</td><td>4</td><td>2</td><td>1</td><td>√</td><td>√</td><td>√</td><td>1</td></tr>
<tr><td>5 星</td><td>3</td><td>√</td><td>1</td><td>1</td><td>√</td><td>√</td><td>—</td><td>√</td><td>1</td></tr>
<tr><td>4 星</td><td>2</td><td>√</td><td>—</td><td>—</td><td>√</td><td>√</td><td>—</td><td>—</td><td>—</td></tr>
<tr><td>3 星</td><td>2</td><td>√</td><td>—</td><td>—</td><td>—</td><td>√</td><td>—</td><td>—</td><td>—</td></tr>
<tr><td>2 星</td><td>1.5</td><td>√</td><td>—</td><td>—</td><td>—</td><td>√</td><td>—</td><td>—</td><td>—</td></tr>
<tr><td>1 星</td><td>1</td><td>√</td><td>—</td><td>—</td><td>—</td><td>√</td><td>—</td><td>—</td><td>—</td></tr>
</table>

6.4 用户积分计划

用户积分计划是中国电信为答谢广大用户长期以来的支持与厚爱，推出的一项用户回馈服务。用户积分可以用来兑换多种礼品、电信产品和服务。

（1）用户积分计划适用于1星至7星的星级用户。预付费产品不产生积分。

产品有效期为3年，第一年从积分产生日开始至该年年底。每三年为一个有效期，实行滚动清零。例如，2020年1月1日00:00起对积分用户在2017年所产生但未使用的积分进行清零处理。

用户名下某一产品（如固定电话等）欠费，则中国电信停止计算该产品所关联销售品的积分，待用户重新缴费后，恢复相关积分。

用户因消费产生的积分，按每消费1元钱的电信业务积1原始分计算，再按星级权益进行倍增；用户每月缴费后，系统自动计算当月积分并累积。消费积分计算规则如表6-3所示。

表6-3 消费积分计算规则

积分项目	计算对象	计算规则	说明
消费积分	仅对星级用户开放倍增积分，无星用户不产生倍增积分，且预付费产品不产生积分	以实收的电信业务消费金额为基础，按照1元1分计算用户消费积分，再以用户消费积分为基数，乘以用户星级对应的积分倍数，给予用户相应的积分。用户有效期内的倍增积分累计超过15万分后，中国电信暂停计算积分	消费积分以实收的电信业务消费金额为基础，按每消费1元积1分计算。其中： ①已享受终端补贴、预存话费租机等的用户，在补贴协议期满或承诺消费额度达到前，仍然按实收额度计算消费积分。 ②赠送类业务、代收费类业务、违约金、工料费、调测费、手续费、UIM卡费等一次性费用以及非记名电信卡收入、其他非电信业务费用不参与消费积分计算。 ③预缴费用户，按每月实际抵扣的费用计算积分（对于一次性缴清包年费用的，营业厅业务前台需转为次月代收，在次月销账时计算相应的消费积分）。 ④根据业务要求，部分产品不在产生积分的范围之内

积分倍增是指以用户消费积分为基数，乘以用户星级对应的积分倍数，给予用户相应的积分。此权益是将用户名下所有的消费积分汇集到用户名下，由用户行权享受积分倍增。积分余额显示在用户名下，且只能由用户进行积分兑换。积分倍增计算规则如表 6-4 所示。

表 6-4 积分倍增计算规则

星级	7 星	6 星	5 星	4 星	3 星	2 星	1 星
积分倍数	5 倍	4 倍	3 倍	2 倍	2 倍	1.5 倍	1 倍

6.5 积分兑换渠道

用户登录网址“http://www.yixin.im”，下载易信客户端后，登录易信客户端或关注公众号“天翼积分”，即可随时查询、兑换积分。

用户使用微信关注公众号“中国电信广东公司”（微信号：gdkf10000），点击“我要查询→费用/积分→查询积分和兑换”，可以进行积分查询、积分兑换，其中包括天翼客户俱乐部礼品以及全国积分商城礼品。

用户使用天翼手机编辑短信“105”或“JF”并发送至号码“10001”，可以查询积分；使用天翼手机编辑短信“106”或“DHJF”并发送至号码“10001”，可以兑换积分。

用户登录欢 go 网站（http://gd.189.cn）可以查询、兑换积分。

用户使用天翼手机登录欢 go 客户端（http://wapgd.189.cn）可以查询、兑换积分。

用户使用中国电信的广东 IPTV，可以通过电视终端直接查询、兑换积分。

用户可以通过全国积分商城网址（http://jf.189.cn/）查询、兑换积分。

用户可以持有效证件原件，前往本地电信营业厅查询积分。

复习与思考：

1. 星级服务包括哪些服务？
2. 什么是积分倍增？
3. 中国电信的积分兑换渠道有哪些？

7 中国电信客户密码

7.1 客户密码概述

客户密码是指电信公司面向客户编码提供的在电信系统中验证客户身份的一组6位数字序列，它是客户办理、修改、查询电信业务的身份凭证，客户密码与客户编码构成一对一的关系，同一客户编码只有一个客户密码。

客户密码的操作包括客户密码的创建（又称激活，下同）、修改、重置，其中创建、重置对于客户又称为客户密码的获取，也是客户个人对客户密码进行的操作。

创建是指客户个人首次自行设置客户密码。设置的客户密码不可为弱密码，必须由客户个人自行创建。客户密码创建成功后，该密码为激活状态，可用于办理业务。

修改，即客户密码创建后，在日常使用过程中，客户可将原客户密码自行修改为新的客户密码。

重置，即客户遗忘客户密码后，可在身份验证通过后，重新创建、设置新的客户密码。

7.2 客户密码操作方式

7.2.1 密码创建

7.2.1.1 公众客户密码创建

公众客户可以通过微信、欢 go 网站、掌上营业厅、自助终端、10001号客服热线、短信、营业厅等渠道创建客户密码。具体如下：

（1）客户通过欢 go 网站、掌上营业厅、自助终端创建客户密码，需进行本机鉴权和身份证件鉴权。客户先确认同意电子版客户密码使用协议，分别通过以下方式验证：

①客户以名下宽带账号登录的，利用“宽带账号+宽带使用密码（又称上网密码）+身份证件号码”进行验证，通过后可创建客户密码。

②客户以名下天翼手机号码登录的，利用“天翼手机号码+动态密码+

身份证件号码”进行验证，通过后可创建客户密码。

③客户以名下固定电话号码登录的，利用“固定电话号码+身份证件号码”进行验证，通过后，由 10000 号系统自动回拨到固定电话，客户根据语音提示操作可创建客户密码。

（2）客户利用名下任何一部固定电话拨打 10001 号客服热线，通过“主叫+身份证件号码”验证后，按语音提示操作可创建客户密码。

（3）客户使用名下天翼手机，发短信“6011#新密码”至 10001 号。客户回复短信后即收到 10001 号自动触发的一条短信，需按提示再发送“6011Y#机主姓名#证件号码#新客户密码”进行二次验证。两次密码需相同才可将密码激活成功。

（4）客户本人凭有效身份证件可在电信营业厅办理客户密码创建，或者由代办人携带其有效身份证件和客户有效身份证件办理客户密码创建。客户通过营业厅前台小键盘自行设置客户密码。

7.2.1.2　政企客户密码创建

政企客户凭有效身份证件（营业执照复印件盖公章+经办人身份证件，或者单位授权书盖公章+经办人身份证件等）到电信营业厅办理客户密码创建。

7.2.2　密码修改

客户可凭原客户密码在欢 go 网站、掌上营业厅、自助终端、10001 号客服热线、短信、营业厅修改客户密码。其中，客户使用名下手机发送短信“短信指令（如 6012）#原客户密码#新客户密码”至 10001 号，验证通过后，还需要按照系统提示再次发送“短信指令（如 6012Y）#新客户密码”以确认密码，方可修改成功。客户在电信营业厅可凭原客户密码或有效身份证件办理修改客户密码。

7.2.3　密码重置

7.2.3.1　公众客户密码重置

密码创建成功后，客户如果在使用过程中遗忘客户密码，可以通过密码重置，重新设置新的客户密码。已创建密保邮箱的客户在重置客户密码时需在欢 go 网站或电信营业厅验证密保邮箱，验证通过后方可重置新的客户密码。具体方式为：客户可以通过名下任意固定电话、天翼手机号码、ADSL

终端等，采取自助方式重置密码，也可直接到电信营业厅办理密码重置。相应验证条件及办理方法同密码创建。

7.2.3.2 政企客户密码重置

政企客户凭有效身份证件（营业执照复印件盖公章+经办人身份证件，或者单位授权书盖公章+经办人身份证件等）在电信营业厅办理客户密码重置。

7.3 各渠道客户密码操作指引

7.3.1 10000 号自助热线和 10001 号自助热线操作指引

10000 号自助热线和 10001 号自助热线操作指引如表 7-1 所示。

表 7-1 10000 号自助热线和 10001 号自助热线操作指引

业务类型	办理渠道	鉴权方式	备注
密码创建（激活）和重置密码	① 语音触点（IVR、10000 号语音）。 ② 文字触点（微信客服、IM 客服、QQ 客服等）	（1）语音触点（IVR、10000 号语音）。 ①天翼手机：本机号码来电+身份证号码。 ②固定电话：本机号码来电→10000 号回呼+身份证号码。 （2）文字触点（微信客服、IM 客服、QQ 客服等）。 ①天翼手机：移动号码+短信验证码+身份证号码。 ②固定电话：固定电话号码+身份证号码→10000 号回呼+身份证号码	固定电话来电创建（激活）、重置、修改客户密码，需本机来电;挂机后系统判断用户号码有无登记呼叫转移，如没有登记，则 10000 号系统呼叫用户的来电固定电话号码，验证身份证号码后，创建(激活)、重置、修改客户密码。如登记了呼叫转移，终止本次操作
密码修改		（1）语音触点（IVR、10000 号语音）。 ①天翼手机：引导短信办理，不转 IVR。 ②固定电话：本机号码来电→10000 号回呼+原客户密码。 （2）文字触点（微信客服、IM 客服、QQ 客服等）。 ①天翼手机：移动号码+短信验证码+原客户密码。 ②固定电话：固定电话号码+身份证号码→10000 号回呼+原客户密码	

以上规则适用于移动电话客户、固定电话客户通过 10000 号服务触点办理密码创建、修改、重置业务。客户服务代表可以引导宽带用户使用其名下的移动电话、固定电话产品以办理密码相关业务。

对于单宽带用户办理客户密码创建、修改、重置，客户服务代表可以引导客户登录欢 go 网站，使用上网账号+拨号密码+身份证号码方式办理。

实名制用户在 10000 号、10001 号自助渠道激活或重置客户密码时时，如身份证件最后一位是“X”，以星号键“ * ”代替。非身份证（如军官证、护照等）以及香港特区身份证不可以通过 10000 号、10001 号自助渠道进行客户密码激活或重置。

号码在单停状态下可以通过 10000 号渠道进行客户密码重置、激活、修改，双停（含停机保号）无法拨打其他电话。

移机不改号的旧号（接入号码）可以通过 10000 号、10001IVR 渠道进行客户密码的各项操作，如重置、修改等；移机不改号的新号（通知号码）则不可以通过上述渠道办理。系统提示输入要办理的业务号码时，客户需输入旧号才可进行操作。

10000 号、10001IVR 客户密码重置补充说明如下：

（1）手机号码来电。IVR 自动触发客户密码操作短信。挂机后，客户自行按照短信营业厅指引进行客户密码操作。

IVR 触发短信内容如下：

尊敬的用户：您可以用本机发送“6011#新密码”至 10001 号，按提示进行二次验证，即可重置客户密码。中国电信。

二次验证短信内容如下：

尊敬的××客户：您好！请输入“6011Y#机主姓名#证件号码#新客户密码”进行验证，新客户密码应与上次输入的相同。感谢您的使用。

（2）固定电话号码来电。IVR 语音结束后，10000 号回拨客户固定电话号码，由客户自行按照语音提示进行客户密码操作。

语音播报内容如下：

您好，您正在通过 10000 号语音系统重置客户密码，请您提前准备好身份证号码并保持电话畅通，我们将回拨此号码向您提供密码重置操作指引。

7.3.2 欢 go 网站操作指引

欢 go 网站操作指引如表 7-2 所示。

表 7-2 欢 go 网站操作指引

业务类型	办理方式
激活	①客户可以登录欢 go 网站，确认同意电子版客户密码使用协议，通过“ADSL 宽带账号+拨号密码+证件号码”验证后即可激活密码（需在本人宽带线路上通过检测后才能办理）。 ②天翼手机、市话通客户可登录欢 go 网站，确认同意电子版普通权限客户密码使用协议，通过“天翼手机、市话通号码+短信随机验证码”验证后激活密码。 欢 go 网站激活需要中国境内的有效身份证，其他证件类型的客户目前无法在欢 go 网站办理客户密码激活，需前往营业厅办理激活密码
重置	用户可以登录欢 go 网站，通过获取密码方式重置密码。 注：宽带用户在欢 go 网站重置客户密码，需在本人宽带线路上通过检测后才能办理
修改	用户可以登录欢 go 网站，通过获取密码方式修改密码
冻结、取消	—

7.3.3 短信操作指引

短信操作指引如表 7-3 所示。

表 7-3 短信操作指引

业务类型	办理方式
激活、创建	客户使用名下天翼手机，发短信“6011#新密码”至 10001 号。客户回复短信后即收到 10001 号自动触发的一条短信，需按提示再发送“6011Y#机主姓名#证件号码#新客户密码”进行二次验证。两次密码需相同才可密码激活、创建成功
重置	客户使用名下天翼手机，发短信“6011#新密码”至 10001 号。客户回复短信后即收到 10001 号自动触发的一条短信，需按提示再发送“6011Y#新客户密码#验证码#机主姓名#证件号码”进行二次验证。两次密码相同才可进行密码重置
修改	客户使用名下天翼手机发送“MMXG#旧密码#新密码”至 10001 号，可以修改密码
冻结、取消	—

7.3.4 营业厅操作指引

营业厅操作指引（个人客户）如表 7-4 所示。

表 7-4　营业厅操作指引（个人客户）

业务类型	办理方式
激活	个人用户可以凭机主有效身份证件在电信营业厅激活密码。 注：其他证件类型的客户目前无法在自助渠道办理客户密码激活，需前往营业厅办理激活
重置	个人用户可以凭有效身份证件在营业厅重置密码
修改	个人用户可以凭有效身份证件在营业厅修改密码
冻结、取消	个人用户可以凭有效身份证件在营业厅冻结、取消密码

政企客户需凭有效身份证件（营业执照复印件盖公章+经办人身份证件，或者单位授权书盖公章+经办人身份证件），前往电信营业厅办理客户密码重置。

复习与思考：

1. 全业务套餐包括哪三个部分？

2. 星级服务适用的客户是哪些？

3. 7 星级用户申请临时信控额度是多少？有效期是多久？

4. 5 星级用户每年可以享受一次固定电话本地网内免费移机吗？

5. 6 星级用户一年可以享受几次宽带本地网内免费移机？

6. 持有香港居民身份证的用户是否可以通过 10000 号或 10001 号自助热线进行客户密码激活或重置？

附录　复习题库

附录 1　中国电信固定电话业务复习题库

一、判断题

1. 家庭用户的后付费固定电话的月租是 25 元。（　）
2. 商业用户汇线通号码月租是 35 元。（　）
3. 商业用户汇线通号码月租是 25 元。（　）
4. 家庭用户的后付费固定电话的月租是 20 元。（　）
5. APS 电话的休眠期是 60 天。（　）
6. APS 电话充值 10 元有效期不延长。（　）
7. APS 自由套餐的来电显示功能月租 6 元。（　）
8. APS 经济套餐的来电显示功能月租 6 元。（　）
9. APS 自由套餐的来电显示功能月租 0 元。（　）
10. 现在还可以申请一线通新装。（　）
11. 可以用身份证申请汇线通新装。（　）
12. 后付费固定电话用户同一栋楼范围内移机 100 元/次。（　）
13. 固定电话 B 无应答转移，若 B 无应答，铃响 20 秒后就转移到 B 预先设置的号码 C 上。（　）
14. 固定电话呼出限制功能可以限制对外拨打本地、境内、境外长途电话。（　）
15. APS 电话的休眠期是 90 天。（　）
16. APS 电话充值 11 元有效期延长 60 天。（　）
17. 用户固定电话设置呼出限制加锁后不可以拨打 10000 号和紧急特服号码（110、119、120、122）。（　）
18. 用户固定电话设置呼出限制加锁后可以拨打 10000 号和紧急特服号码（110、119、120、122）。（　）
19. 多方通话业务可实现 2～8 个用户“多对多”同时通话模式，用户无需申请，直接拨打 118100 接入号便可使用。（　）
20. 固定电话呼出限制操作方法为登记：＊56＊(K)SSSS #（SSSS 代表 4 位数密码）。注销：#56＊(K)SSSS #。（　）

21. 固定电话混合放号功能申请完毕，3 小时内生效。　（　）

22. 固定电话多方通话取消完毕，24 小时内生效。　（　）

23. 单位用户可以通过 10000 号申请电话同振业务。　（　）

24. 个人用户可以通过 10000 号申请电话同振业务。　（　）

25. 办理电话同振业务之后不能使用呼叫转移功能。　（　）

26. 新装后付费固定电话（无套餐）装机工料费、月租费及当月的通话费用都可以在下月出账后，一并缴纳。　（　）

27. 固定电话办理过户以后，扣款成功 3 小时内生效。　（　）

28. 免打扰服务是为避免电话铃声的打扰，用户可暂不接受呼入电话，如有电话呼入时，由电信公司代答。该功能每月收取 2 元的功能费。（　）

29. 4008 是一种被叫付费的统一号码，为用户提供一个全国范围内的统一号码，并把对该号码的呼叫接至用户事先设定的目的地。通话费由被叫支付。　（　）

30. 800 业务又叫被叫集中付费业务。用户拨打 800 业务号码后，所产生的通话费由被叫集中支付。　（　）

31. 来电显示功能是指有来电时，电话机或来电显示器可以显示出对方的电话号码；无人接听时会自动保留对方电话号码。　（　）

32. 天翼手机用户可以使用 96688 拨打长途电话。　（　）

33. 模拟中继电话可以通过 10000 号办理迁移。　（　）

34. 汇线通电话只能通过营业厅办理迁移。　（　）

35. 普通个人固定电话用户可以通过 10000 号改全新的银行账号。（　）

36. 个人可以代公司固定电话付费。　（　）

37. 10000 号不办理取消预约拆机订单。　（　）

38. 10000 号可以办理取消预约拆机订单。　（　）

39. 如客户要求汇线通只拆部分线路，则需要保留 5 部汇线通。（　）

40. 如客户要求汇线通只拆部分线路，则需要保留 3 部汇线通。（　）

41. 如客户要求只拆部分线路，则最少保留 3 条中继线。　（　）

42. 如客户要求只拆部分线路，则最少保留 5 条中继线。　（　）

43. 用户申请拆机后进入存续期，拆机存续期间（30 天内）用户可以申请取消拆机，恢复正常使用。　（　）

44. 用户申请拆机后进入存续期，拆机存续期间（60 天内）用户可以申请取消拆机，恢复正常使用。　（　）

45. 固定电话办理过户以后，扣款成功 24 小时内生效。（ ）

46. 固定电话办理过户的一次性费用为 10 元/(次·号)。（ ）

47. 后付费固定电话用户同一楼栋范围内移机 50 元/次。（ ）

48. 单位固定电话用户可以通过 10000 号申请改银行账号。（ ）

49. 汇线通电话可以通过 10000 号申请改银行账号。（ ）

50. 固定电话整月申请暂停 5 元/(号·月)。（ ）

51. 单位汇线通用户不可过户给个人用户，个人汇线通用户可以过户给单位用户。（ ）

52. 单位汇线通用户可以过户给个人用户，个人汇线通用户可以过户给单位用户。（ ）

53. 单位汇线通用户和个人汇线通用户之间可以相互过户。（ ）

54. 单位固定电话用户和个人固定电话用户之间可以相互过户。（ ）

55. 外地的银行账号可以在深圳办理固定电话新装。（ ）

56. 新装固定电话工料费为 100 元/号。电话机由电信公司提供。（ ）

57. 固定电话办理过户以后，扣款成功 3 小时内生效。（ ）

58. 汇线通若只是部分电话过户，必须 5 部以上（含 5 部）才可过户，同时老用户还需保留 5 部以上（含 5 部）的电话。（ ）

二、单项选择题

1. 用中国电信的固定电话拨打当地（ ）号码是免收通信费用的。

A. 10000 B. 10010 C. 10086 D. 118114

2. 家庭用户的后付费固定电话的月租是（ ）元。

A. 10 B. 20 C. 25 D. 35

3. 汇线通电话的月租是（ ）元。

A. 10 B. 20 C. 25 D. 35

4. 商业用户的后付费固定电话的月租是（ ）元。

A. 10 B. 20 C. 25 D. 35

5. APS 电话的休眠期是（ ）天。

A. 30 B. 60 C. 90 D. 120

6. APS 电话充值 10 元有效期延长（ ）天。

A. 0 B. 10 C. 30 D. 60

7. APS 电话充值 50 元有效期延长（　　）天。

A. 0　　B. 30　　C. 60　　D. 90

8. APS 自由套餐的来电显示功能月租是（　　）元。

A. 0　　B. 6　　C. 10　　D. 30

9. 固定电话过户是（　　）元/(号·次)。

A. 0　　B. 10　　C. 6　　D. 30

10. 后付费固定电话用户同一楼栋范围内移机（　　）元/次。

A. 0　　B. 50　　C. 100　　D. 150

11. 96688 闲时指（　　）。

A. 每天 20:00 至次日 08:00 以及周六、周日、法定节假日的全天

B. 每天 21:00 至次日 09:00 以及周六、周日、法定节假日的全天

C. 每天 22:00 至次日 10:00 以及周六、周日、法定节假日的全天

D. 每天 23:00 至次日 11:00 以及周六、周日、法定节假日的全天

12. 固定电话无应答转移，若 B 无应答，铃响（　　）秒后就转移到 B 预先设置的号码 C 上。

A. 0　　B. 10　　C. 20　　D. 60

13. 固定电话免打扰功能的月租是（　　）元/月。

A. 0　　B. 2　　C. 6　　D. 10

14. 固定电话三方通话功能的月租是（　　）元/月。

A. 0　　B. 2　　C. 6　　D. 10

15. 固定电话来电显示功能的月租是（　　）元/月。

A. 0　　B. 2　　C. 6　　D. 10

16. 固定电话七彩铃音功能的月租是（　　）元/月。

A. 0　　B. 2　　C. 6　　D. 5

17.（　　）业务也被称为集中付费业务，由被叫支付电话费，而主叫不用支付电话费。

A. 800　　B. 4008　　C. 电话伴我行　　D. 95/96 专线

18. 固定电话的无条件转移操作方法是（　　）。

A. ＊41＊转移目的号码#　　B. ＊40＊转移目的号码

C. ＊57＊转移目的号码#　　D. ＊57＊转移目的号码#

19.（　　）业务也被称为主被叫分摊付费业务。

A. 800　　B. 4008　　C. 电话伴我行　　D. 95/96 专线

20. 800 业务可以通过（　　）办理。

A. 10000 号　B. 营业厅　C. 客户经理　D. 代理商

21. 长沙客户拨打北京联想总部的 800 号码后，产生的通信费用的缴纳方式为（　　）。

A. 由联想总部支付全部费用

B. 长沙客户支付市话费，联想总部支付长途费

C. 长沙客户支付全部费用

D. 长沙客户和联想总部各支付一半费用

22. 4008 业务可以通过（　　）办理。

A. 10000 号　B. 营业厅　C. 客户经理　D. 代理商

23. 固定电话用户使用多方通话业务直接在拨打电话号码前加拨（　　）即可。

A. 118166　B. 118114　C. 118100　D. 96821

24. 会易通可以通过（　　）办理。

A. 客户经理　B. 营业厅　C. 10000 号　D. 代理商

25. 固定电话直拨异地手机的拨打方式为（　　）。

A. 0+长途区号+对方号码　B. 长途区号+对方号码

C. 对方移动电话号码　D. 0+对方移动电话号码

26. 400 业务由（　　）电话费。

A. 主叫支付　B. 被叫支付　C. 无需支付　D. 主被叫分摊

27. 用户申请固定电话拆机可以通过（　　）渠道办理。

A. 有拆机业务的营业厅　B. 欢 go 网站

C. 10000 号　D. 代理商

28.（　　）是指当主叫用户拨打 800 业务号码时，即可接通到由被叫用户在申请时指定的电话上，对主叫用户（只能在境内）免收通信费用，通信费用由被叫集中付费。

A. 境内 800 业务　B. 境外 800 业务

C. 省内 800 业务　D. 全球 800 业务

29. 对后付费固定电话用户超过约定缴费期（　　）日仍未缴纳电信费用和违约金的，电信公司将暂停向其提供电信服务。

A. 90　B. 60　C. 30　D. 45

30. 固定电话用户使用 11808 拨打境内长途电话的方式为（　　）。

A. 11808+0+长途区号+对方固定电话号码

B. 11808+长途区号+对方固定电话号码

C. 11808+对方移动电话号码

D. 11808+0+对方移动电话号码

31. 以下选项中，对 800 电话描述正确的是（　　）。

A. 被叫集中付费业务　　B. 主叫集中付费业务

C. 主被叫话费分摊业务　　D. 电信集中付费业务

32. 固定电话用户用 17909 拨打境内长途的资费标准是（　　）。

A. 0.3 元/分

B. 0.3 元/分+市话接入费

C. 0.07 元/6 秒

D. 0.7 元/分

33. 爱音乐的定义是（　　）。

A. 中国电信数字音乐的统一品牌

B. 电信游戏业务的产品名称

C. 中国电信天翼视讯业务的统一品牌

D. 中国电信数字游戏的统一品牌

34.（　　）用户可以进行异地补换卡。

A. 预付费用户　　B. 4G 用户

C. 未登记个人身份信息的用户　　D. 后付费用户

35.（　　）用户可以使用 96688 拨打长途。

A. 固定电话　　B. 天翼手机

C. 小灵通　　D. 以上选项都不对

36. 固定电话用户用 96688 在闲时拨打境内长途的资费标准是（　　）。

A. 0.2 元/分　　B. 0.02 元/6 秒

C. 0.5 元/分　　D. 0.05 元/6 秒

37. APS 电话新装需要缴纳一次性费用（　　）元。

A. 0　　B. 100　　C. 300　　D. 400

38. 汇线通改短号可以通过（　　）办理。

A. 营业厅　　B. 网上营业厅　　C. 10000 号　　D. 代理商

39. 固定电话改号完毕以后（　　）生效。

A. 立即　　B. 3 小时内　　C. 24 小时内　　D. 次月

40. 下列选项中，关于汇线通固定电话过户的说法，正确的是（　　）。

A. 单位用户可以过户给个人用户

B. 个人用户可以过户给单位用户

C. 单位用户和个人用户可以相互过户

D. 个人用户不可以过户给单位用户

41. 固定电话过户可以通过（　　）办理。

A. 营业厅　　B. 网上营业厅　C. 10000 号　　D. 代理商

42. 固定电话号码被拆机以后将至少冻结（　　）日方可重新启用。

A. 30　　B. 60　　C. 90　　D. 120

43. 后付费固定电话用户在欠费停机（　　）日内仍未补缴电信费用和违约金的，电信公司将注销用户号码。

A. 30　　B. 60　　C. 90　　D. 120

44. 下列选项中，关于固定电话银行账号说法正确的是（　　）。

A. 个人用户可以代个人用户付款

B. 个人用户可以代单位用户付款

C. 单位用户不可以代个人用户付款

D. 单位用户不可以代其他单位用户付款

45. 下列选项中，关于固定电话银行账号说法不正确的是（　　）。

A. 个人用户可以代个人用户付款

B. 个人用户可以代单位用户付款

C. 单位用户可以代个人用户付款

D. 单位用户可以代其他单位用户付款

46. 固定电话改账号以后（　　）生效。

A. 立即　　B. 3 小时内　　C. 24 小时内　　D. 次月

47. 用户申请拆机后进入存续期，拆机存续期间（　　）天内用户可申请取消拆机，恢复正常使用。

A. 120　　B. 90　　C. 60　　D. 30

48. 固定电话用户受理预拆机双向停机（　　）天后，系统自动做取消处理。

A. 120　　B. 90　　C. 60　　D. 30

49. 固定电话用户可以通过（　　）办理取消预约拆机订单。

A. 客户经理　　B. 代理商　　C. 10000 号　　D. 原受理渠道

50. 家庭固定电话迁移到商业地址，迁移当月固定电话月租是（　　）元。

A. 20　　B. 35

C. 按变更前后的月租标准分段收取　　D. 25

51. 固定电话改号手续费是（　　）元。

A. 50　　B. 80　　C. 100　　D. 0

52. 同一个身份证在同一个地址可以申请（　　）部固定电话。

A. 1　　B. 3　　C. 5　　D. 无限制

53.（　　）业务是不收功能费用的。

A. 呼叫转移　　B. 来电显示　　C. 呼出限制　　D. 免打扰

54. 固定电话暂停期间（　　）。

A. 不能拨打任何电话　　B. 可以拨打 10000 号

C. 可以拨打 110　　D. 可以拨打 120

三、多项选择题

1. 三方通话的收费标准为（　　）。

A. 免开户费　　B. 免功能费

C. 开户免费，收取功能费　　D. 开户收费，免功能费

2. 固定电话呼出限制功能可以限制对外拨打（　　）电话。

A. 本地市话　　B. 境内长途　　C. 境外长途　　D. 手机号码

3. 800 业务不能通过（　　）办理。

A. 10000 号　　B. 营业厅　　C. 客户经理　　D. 代理商

4. 4008 业务不能通过（　　）办理。

A. 10000 号　　B. 营业厅　　C. 客户经理　　D. 代理商

5. 11808 境内长话优惠业务不适用于（　　）。

A. 公话　　B. 200 用户

C. 固定电话用户　　D. 小灵通用户

6. 800 电话业务资费由（　　）组成。

A. 开户费　　B. 基本服务费　　C. 功能使用费　　D. 通话费

7. 用户申请固定电话拆机不可以通过（　　）渠道办理。

A. 营业厅　　B. 欢 go 网站　　C. 10000 号　　D. 代理商

8. 用户申请后付费固定电话移机可以通过（　　）渠道办理。

A. 营业厅　　B. 欢 go 网站　　C. 10000 号　　D. 代理商

9. 三方通话的特点是（　　）。

A. A、B、C 三方同时通话且同时在线

B. A 分别与 B、C 两方通话，且三方同时在线

C. 当 A 与 B 通话时，如需 C 参加通话，可在不中断与 B 通话的情况下呼叫 C 并建立通话线路

D. 三方通话不需要开通即可使用

10. 11808 的目标客户是（　　）。

A. 固定电话用户　　B. 小灵通用户

C. 天翼用户　　D. 以上都不对

11. 800 业务分为（　　）。

A. 境内 800 业务　　B. 境外 800 业务

C. 全球 800 业务　　D. 省际 800 业务

12. 400 产品具有全国统一号码接入、呼叫汇聚、目的地选择、主被叫话费分摊等功能，可帮助企业在全国范围内低成本、高效率地延伸自己的产品和服务。目前，中国电信已经开通的 400 电话号段为（　　）和（　　）。

A. 4006　　B. 4007　　C. 4008　　D. 4009

13. 固定电话七彩铃音可以通过（　　）渠道办理。

A. 营业厅　　B. 代理商

C. 118100 或 118101 电话自助　　D. 10000 号

14. 商务彩铃可以通过（　　）渠道办理。

A. 营业厅　　B. 代理商　　C. 客户经理　　D. 10000 号

15.（　　）业务不能同时申请混合放号。

A. 移机留号业务　　B. 固定电话改号通知音业务

C. 一线通主号　　D. 一线通从号

16.（　　）用户可以使用 118166 拨打电话。

A. 固定电话　　B. 小灵通

C. 预付费天翼手机　　D. 后付费天翼手机

17.（　　）用户不可以使用 96688 拨打长途。

A. 固定电话　　B. 天翼手机　　C. 小灵通　　D. 政企

18.（　　）影响需要改号的用户，从电话装机完工当天起一个月内可免费办理一次改号业务。

A. 迁移　　B. 新装

C. 电信公司原因　　D. 个人原因

19. 后付费固定电话改号可以通过（　　）办理。

A. 网上营业厅　B. 营业厅　C. 代理商　D. 10000 号

20. 下列选项中，关于后付费固定电话过户的说法正确的是（　　）。

A. 单位用户可以过户给个人用户

B. 个人用户不可以过户给单位用户

C. 单位用户不可以过户给个人用户

D. 个人用户可以过户给单位用户

21. 后付费固定电话欠费停机期间可以办理（　　）业务。

A. 拆机　B. 密码重置

C. 缴费　D. 改账户

22. 固定电话暂停期间可以办理（　　）业务。

A. 拆机　B. 密码重置

C. 缴费　D. 改账户

23. 下列选项中，关于固定电话银行账号，说法正确的是（　　）。

A. 个人用户可以代个人用户付款

B. 个人用户不可以代单位用户付款

C. 单位用户可以代个人用户付款

D. 单位用户可以代单位用户付款

24. 固定电话欠费停机期间（　　）。

A. 不能拨打任何电话　B. 可以拨打 10000 号

C. 可以拨要 110　D. 可以拨打 120

25. 固定电话新装可以通过（　　）渠道办理。

A. 10000 号　B. 代理商　C. 营业厅　D. 客户经理

26. 固定电话设置呼出加锁以后（　　）。

A. 可以拨打 10000 号　B. 可以拨打 110

C. 不能拨打任何电话　D. 可以拨打 120

27. 关于后付费固定电话的特点，下列选项中，正确的是（　　）。

A. 有线接入　B. 使用直接方便

C. 话音清晰　D. 通话可靠

28. 固定电话用户拨打本地（　　）免费。

A. 10000 号　B. 10086　C. 110　D. 800

E. 4008

29.（　　）业务是收功能费用的。

A. 呼叫转移　B. 来电显示　C. 呼出限制　D. 免打扰

E. 呼叫等待

30.（　　）业务是不收功能费用的。

A. 呼叫转移　B. 来电显示　C. 呼出限制　D. 免打扰

E. 呼叫等待

31. 下列选项中，关于固定电话改号说法正确的是（　　）。

A. 后付费固定电话改号可以通过 10000 号办理

B. 汇线通改短号只能通过营业厅办理

C. 汇线通改引示号只能通过营业厅办理

D. 汇线通改引示号可以通过 10000 号办理

32. 使用易充服务会产生（　　）。

A. 月租费　B. 功能费　C. 通话费　D. 服务费

附录 2　中国电信宽带业务复习题库

一、判断题

1. 光纤上网是指中国宽带互联网（ChinaNet）局端与客户之间完全或部分以光纤作为传输媒体。（　　）

2. LAN 上网速率可达 100M。（　　）

3. 产品的租用权从一个客户转让给另一个客户称为过户；如不改变租用权，仅改变客户登记名称，称为改名。（　　）

4. 绿色上网是指中国电信后付费宽带用户可以通过 Web 网站、手机客户端方式随时管理家庭成员宽带上网，了解使用者上网习惯，过滤网络不良信息，控制使用者上网时间，引导使用者健康合理使用网络。（　　）

5. 目前，ADSL 只提供虚拟拨号接入方式。（　　）

6. 局域网（local area network，LAN）技术主要采用以太网技术，以信息化小区的形式为用户服务。（　　）

7. 光纤连接距离可达 60 千米。（　　）

8. 铜线 ADSL 接入的无线猫可以购买。（　　）

9. FTTB+LAN（FTTB）/LAN 接入不需要设备，如客户有多个终端同时上网或加装广东 IPTV，可通过自行购买路由器或 HUB 等方式解决。

（　　）

10. FTTB+LAN 的终端类型为 E8-C。（　　）

11. FTTH 的终端类型为无需终端。（　　）

12. IP 电视全部直播频道开通 7 天精选电视节目回看。（　　）

13. IP 电视全部直播频道开通 2 天精选电视节目回看。（　　）

14. IP 电视全部直播频道开通 2 小时时移。（　　）

15. IP 电视全部直播频道开通 3 小时时移。（　　）

16. IP 电视提供潮汕和客家专区。（　　）

17. 央视精品专区可以观看 CCTV3、CCTV5、CCTV6、CCTV8 的播放内容。（　　）

18. IP 电视宽带速率必须是 12M 才可以办理标清或高清 IP 电视。

（　　）

19. 铜线接入的用户可以申请 IP 电视子账号（　　）

20. 城中村区域可以申请 20M 及以上主流大带宽产品。（　　）

21. 已有欠费停机的用户新装宽带的，不用缴清欠费，可以直接受理。

（　　）

22. 后付费 ADSL 宽带过户 10 元/(次・号)。（　　）

23. 后付费和 LAN 宽带过户 10 元/(次・号)。（　　）

24. 预付费和 LAN 宽带过户 10 元/(次・号)。（　　）

25. 所有电信营业厅都可以办理宽带过户。（　　）

26. 宽带过户只能通过电信营业厅办理。（　　）

27. 以个人名义开户但用户类型为“商业”的宽带，不能过户给单位用户使用。（　　）

28. 以个人名义开户但用户类型为“商业”的宽带，可以过户给单位用户使用。（　　）

29. 宽带申请停机期间用户只能办理申请复机、缴费、申请拆机相关业务，不能办理其他业务。（　　）

30. 宽带申请停机期间用户只能办理申请复机、缴费、改账号、申请拆机相关业务，不能办理其他业务。（　　）

31. 迁移的同时可以受理提速、改套餐、续约。（　　）

32. 迁移的同时不可以受理提速、改套餐、续约。 (　　)

33. 10000 号可以受理个人客户将银行账号更改为全新的银行账号。 (　　)

34. 宽带用户可以通过所有电信营业厅办理拆机。 (　　)

35. 宽带用户可以通过有拆机业务的电信营业厅办理拆机。 (　　)

36. 10000 号仅受理与机主同名的宽带改账号，代付款托收在营业厅办理。 (　　)

37. 以个人名义开户但用户类型为“商业”的宽带，可以迁移给单位用户使用。 (　　)

38. 以个人名义开户但用户类型为“商业”的宽带，不能迁移给单位用户使用。 (　　)

39. 以个人或单位名义开户的商业客户可以迁移到住宅区域，但是客户类型和商用套餐类型不能变更。 (　　)

40. 以个人或单位名义开户的商业客户可以迁移到住宅区域，迁移的同时可以改变用户类型。 (　　)

二、单项选择题

1. ADSL 是利用（　　）接入互联网的。

A. 光纤　　B. 双绞铜线　　C. 同轴电缆　　D. 短波

2.（　　）不属于 LAN 上网的特点。

A. 网络可靠、稳定　　B. 高速上网

C. 无线连接　　D. 安装方便

3. FTTH 宽带接入用户（　　）上网设备。

A. 配备无线猫　　B. 配备 E8-C（光猫）

C. 不配备　　D. 配备 VDSL 专用猫

4. IP 电视包含（　　）路高清电视直播频道。

A. 20　　B. 92　　C. 32　　D. 15

5. IP 电视能实现（　　）天回看功能。

A. 1　　B. 2　　C. 3　　D. 7

6. IP 电视能实现（　　）小时时移。

A. 2　　B. 3　　C. 7　　D. 24

7. 客户如果不能接收和发送彩信，可以检查（　　）功能是否开通。

A. 短信　　B. 上网　　C. 呼叫等待　　D. 呼叫转移

8. 光纤上网的定义是（　　）。

A. 利用现有的双绞铜线（后付费固定电话线），以上行、下行非对称的传输速率接入互联网

B. 采用以太网技术，以信息化小区的形式为用户服务

C. 中国宽带互联网（ChinaNet）局端与客户之间完全或部分以光纤作为传输媒体

9. 局域网（local area network，LAN）的定义是（　　）。

A. 利用现有的双绞铜线（后付费固定电话线），以上行、下行非对称的传输速率接入互联网

B. 采用以太网技术，以信息化小区的形式为用户服务

C. 中国宽带互联网（ChinaNet）局端与客户之间完全或部分以光纤作为传输媒体

10. FTTB 宽带接入用户（　　）上网设备。

A. 配备无线猫　　B. 配备 E8-C（光猫）

C. 不配备　　D. 配备 VDSL 猫

11. ADSL 铜缆地址（　　）上网设备。

A. 需要无线猫　　B. 需要 E8-C（光猫）

C. 不需要　　D. 需要 VDSL 猫

12. 用户是 VDSL 接入方式，（　　）设备。

A. 需要无线猫　　B. 需要 E8-C（光猫）

C. 不需要　　D. 需要 VDSL 猫

13. 12M 的光纤地址需要（　　）上网设备。

A. 普通猫　　B. 无线猫　　C. E8-C（光猫）D. VDSL 猫

14. FTTO 地址需要（　　）设备。

A. 普通猫　　B. 无线猫　　C. E8-C（光猫）D. VDSL 猫

15. 目前，新装标清 IP 电视需要（　　）机顶盒。

A. 标清　　B. 高清　　C. 超清

16. IP 电视不能通过（　　）渠道办理。

A. 短信　　B. 10000 号　　C. 营业厅

17. 用户不可以通过（　　）渠道申请 IP 电视新装。

A. 10000 号　　B. 营业厅　　C. 客户经理

18. 宽带办理拆机完工后（　　）失效。

A. 次月　　B. 24 小时内　　C. 3 天内　　D. 立即

19. 宽带改名可以通过（　　）渠道办理。

A. 10000 号　　B. 网上营业厅　　C. 客户经理　　D. 营业厅

20. 单位宽带用户改联系方式可以通过（　　）渠道办理。

A. 10001 号　　B. 网上营业厅

C. 客户经理　　D. 营业厅

21. 下列选项中，不属于 LAN 上网的特点的是（　　）。

A. 网络可靠、稳定　　B. 高速上网

C. 无线连接　　D. 安装方便

22. ADSL 使用的是（　　）技术。

A. 分频　　B. 回声抵消

C. 频分复用　　D. 分组交换

23. 客户说因为家里小孩经常上网，担心在上网时浏览到不良网站，有意拆机，客户服务代表较为合适的做法是（　　）。

A. 直接为客户办理拆机

B. 向客户推荐绿色上网业务

C. 建议客户办理过户手续

D. 建议客户移步到营业厅办理相关业务

24. 请问 IP 城域网可以通过（　　）渠道办理。

A. 10000 号　　B. 营业厅　　C. 客户经理　　D. 代理商

25. 同一身份证在同一地址申请的宽带不得超过（　　）条。

A. 3　　B. 5　　C. 10　　D. 15

26. 宽带过户可以通过（　　）办理。

A. 10000 号　　B. 所有营业厅

C. 客户经理　　D. 电信营业厅

27. 宽带申请过户完成，缴纳费用后（　　）生效。

A. 立即　　B. 3 小时内　　C. 24 小时内　　D. 次月

28. 宽带改拨号密码不可以通过（　　）渠道办理。

A. 10000 号　　B. 营业厅　　C. 客户经理　　D. 欢 go 网站

29. 宽带改拨号密码完成（　　）生效。

A. 立即　　B. 3 小时内　　C. 24 小时内　　D. 次月

30. 宽带暂停期间不可以办理（　　）业务。

A. 复机　　B. 改账号　　C. 缴费　　D. 拆机

31.（　　）特点不属于中国电信光纤上网的特点。

A. 传输距离远　　B. 传输速度快

C. 损耗低　　D. 保密性能好

E. 抗扰能力强

32.（　　）接入方式不属于光纤。

A. FTTO　　B. ADSL　　C. FTTH　　D. FTTB

33. 下列选项中，关于绿色上网描述不正确的是（　　）。

A. 具备教育教学等基本功能

B. 有效过滤含有色情、暴力等各种不良信息的网站，保障孩子健康成长

C. 设置孩子每天上网时间，实现孩子学习、上网、休息“三不误”

D. 诊断孩子上网健康情况，分析孩子上网兴趣偏好和上网习惯

34. 下列选项中，关于宽带银行账号的说法，不正确的是（　　）。

A. 个人用户可以代个人用户付款

B. 个人用户可以代单位用户付款

C. 单位用户可以代个人用户付款

D. 单位用户可以代单位用户付款

35. 以个人名义办理的商业宽带整月暂停，（　　）。

A. 收费标准为 5 元　　B. 收费标准为 12 元

C. 不收费　　D. 套餐费正常收取

36. 宽带办理暂停以后（　　）生效。

A. 立即　　B. 3 小时内　　C. 24 小时内　　D. 次月

三、多项选择题

1. 下列选项中，属于 LAN 上网特点的是（　　）。

A. 网络可靠、稳定　　B. 高速上网

C. 无线连接　　D. 安装方便

2. 下列选项中，属于光纤上网特点的是（　　）。

A. 传输距离远　　B. 传输速度快

C. 损耗低　　D. 抗干扰能力强

3. 下列选项中，属于 ADSL 上网特点的是（　　）。

A. 独享带宽　　B. 安装简单，不用重新布线

C. 提供灵活的接入方式　　D. 可以不用电话线上网

4.（　　）网络接入方式可支持申请宽带互联网视听业务。

A. ADSL　　B. LAN　　C. FTTH　　D. FTTB

5. FTTX 是以光纤为传输媒介，为家庭、小型商业机构等终端客户提供接入到电信端局的服务，它是实现（　　）三网合一的最好解决方案。

A. 视频　　B. 语音　　C. 传真　　D. 数据

6. 关于绿色上网描述正确的是（　　）。

A. 具备教育教学等基本功能

B. 有效过滤含有色情、暴力等各种不良信息的网站，保障孩子健康成长

C. 设置孩子每天上网时间，实现孩子学习、上网、休息“三不误”

D. 诊断孩子上网健康情况，分析孩子上网兴趣偏好和上网习惯

7. 有线宽带包含（　　）等融合接入方式。

A. WLAN　　B. ADSL　　C. 光纤　　D. LAN

8. 光纤分为（　　）。

A. FTTO　　B. ADSL　　C. FTTH　　D. FTTB

9.（　　）接入方式可以申请 IP 电视子账号。

A. FTTH　　B. FTTO　　C. LAN　　D. FTTB

10. 关于 399 元光猫，下列说法中，正确的是（　　）。

A. 1 个宽带口（可兼容 IPTV）　　B. 1 个广东 IPTV 口

C. 1 个语音口　　D. 带 Wi-Fi 功能

11. 下列选项中，关于宽带银行账号的说法，正确的是（　　）。

A. 个人用户可以代个人用户付款

B. 个人用户不可以代单位用户付款

C. 单位用户可以代个人用户付款

D. 单位用户可以代单位用户付款

12. 用户可以通过（　　）渠道申请 IP 电视新装。

A. 10000 号　　B. 营业厅　　C. 客户经理　　D. 代理商

13. IP 城域网的特点是（　　）。

A. 传输速率高　　B. 用户投入少，接入简单

C. 静态 IP 地址　　D. 动态 IP 地址

14. 宽带迁移可以通过（　　）渠道办理。

A. 10001 号　　B. 营业厅　　C. 客户经理　　D. 欢 go 网站

15. VPDN 可以通过（　　）渠道办理。

A. 10000 号　　B. 营业厅　　C. 客户经理　　D. 代理商

16.（　　）不能申请 100M 宽带。

A. 工业园　　B. 工业园区　　C. 产业园　　D. 产业园区

17. 宽带改拨号密码可以通过（　　）渠道办理。

A. 10000 号　　B. 营业厅　　C. 客户经理　　D. 欢 go 网站

18. 宽带暂停期间可以办理（　　）业务。

A. 复机　　B. 改账号　　C. 缴费　　D. 拆机

19. 宽带暂停可以通过（　　）渠道办理。

A. 10000 号　　B. 营业厅　　C. 客户经理　　D. 欢 go 网站

附录 3　中国电信移动业务复习题库

一、判断题

1. 补卡是指用户在 UIM 卡遗失后，到营业厅进行卡片的补办。（　　）

2. Wi-Fi 接入是一种无线网络接入方式。（　　）

3. 天翼手机用户拨打异地移动电话时，不需要在被叫移动用户的电话号码前加“0”。（　　）

4. 当用户连接上无线宽带（3G）网络，如果无线宽带（3G）信号过弱时，将会自动无缝切换到无线宽带（1X）网络连接，用户可以继续使用上网业务。（　　）

5. PUK 码由 8 位数字组成，用户可以随便更改。（　　）

6. 国际漫游状态下，使用中国电信手机拨打境内归属地 10000 号是免费的。（　　）

7. 3G 无线宽带最高速率可达上行速率 3.1M，下行速率 1.8M。（　　）

8. 3G 无线宽带最高速率可达下行速率 3.1M，上行速率 1.8M。（　　）

9. 乐享 4G 套餐属于天翼套餐。（　　）

10. 国际漫游投诉的服务热线为 18918910001。（　　）

11. 国际漫游投诉的服务热线为18918910000。（ ）

12. 2G是第二代移动通信技术的简称。（ ）

13. 无线宽带（WLAN）是指中国电信在公共热点地区布设的以“ChinaNet”为名的无线宽带网络。（ ）

14. 境外漫游时发送短信方法与境内发送短信方法一样。（ ）

15. 3G是第三代移动通信技术的简称。（ ）

16. 预付费天翼手机转为后付费天翼手机，赠金可以继续使用。（ ）

17. 天翼视讯根据用户使用产品的方式不同分为点播、直播（含回看）、下载播放三种类型。（ ）

18. 天翼视讯根据用户使用产品的方式不同分为点播、直播（不含回看）、下载播放三种类型。（ ）

19. 中国电信天翼国际卡是中国电信移动电话用户境外漫游时，在GSM（含WCDMA）和CDMA两种网络之间双向切换，并使用被访网络提供服务的产品。（ ）

20. 中国电信彩信默认开通，只要手机具备彩信功能，而且号码也已经开通数据功能，用户就可以直接在手机上收发彩信。（ ）

21. 深圳的天翼手机用户漫游到广州拨打当地10000号免费。（ ）

22. 深圳的天翼手机用户漫游到广州拨打深圳10000号收费。（ ）

23. 深圳的天翼手机用户漫游到广州拨打深圳10000号免费。（ ）

24. 深圳的天翼手机用户漫游到广州拨打当地10000号收费。（ ）

25. 4G是第四代移动通信技术的简称，4GLTE系统能够以100Mbps的速度下载，上传的速度也能达到50Mbps。（ ）

26. 已开通4G功能的4G用户如果需要开通4G+功能，需另外申请。（ ）

27. 已开通4G功能的4G用户默认开通4G+功能，无需另外申请。（ ）

28. 天翼4G+利用载波聚合技术，大幅提升网络速率，支持最高下行速率100M。（ ）

29. 2013年12月4日下午，工业和信息化部正式发放4G牌照，宣告我国通信行业进入4G时代。（ ）

30. 爱音乐的官方网站为www.118100.com。（ ）

31. 爱音乐的官方网站为www.118100.cn。（ ）

32. 2G 网络最高速率可达上行速率 9.6K，下行速率 2.7K。（　）

33. 2G 网络最高速率可达下行速率 9.6K，上行速率 2.7K。（　）

34. 4G 网络最高速率可达上行速率 100M，下行速率 50M。（　）

35. 4G 网络最高速率可达下行速率 100M，上行速率 50M。（　）

36. 无套餐的预付费手机，基本月租为 50 元/月。（　）

37. 无套餐的后付费手机，基本月租为 50 元/月。（　）

38. 无套餐的预付费手机，无需基本月租费。（　）

39. 天翼手机欠费停机时可以加区号拨打 10000 号。（　）

40. 天翼手机欠费停机时不可以加区号拨打 10000 号，只能直拨。（　）

41. 深圳天翼手机用户在广州漫游发送短信到 10001 号免费。（　）

42. 深圳天翼手机用户在广州漫游发送短信到 10001 号收 0.1 元/条。（　）

43. 中国移动手机用户拨打 10000 号免费。（　）

44. 深圳天翼手机用户漫游到广州接听 10000 号电话免费。（　）

45. 深圳天翼手机用户漫游到广州接听 10001 号电话收费。（　）

46. 预付费天翼手机欠费停机以后重新充值恢复正常使用，当月按天折算扣取套餐费或基本月租费、功能费。（　）

47. 预付费天翼手机欠费停机以后重新充值恢复正常使用，当月按整月扣取套餐费或基本月租费、功能费。（　）

48. 预付费天翼手机在暂停当月开机的，不重复扣取套餐费或基本月租费、功能费。（　）

49. 预付费天翼手机在暂停当月开机的，会重复扣取套餐费或基本月租费、功能费。（　）

50. 预付费天翼手机在暂停状态下可以拨打 11888 充值。（　）

51. 预付费天翼手机在挂失状态下可以拨打 11888 充值。（　）

52. 预付费天翼手机在暂停状态下不可以拨打 11888 充值。（　）

53. 预付费天翼手机在挂失状态下不可以拨打 11888 充值。（　）

54. 天翼手机呼叫转移与个人通信助理、漏话提醒、旺铺助手可以同时办理。（　）

55. 国际漫游时呼叫转移目的号码可以是境外的号码。（　）

56. 国际漫游时呼叫转移目的号码只能是境内的号码，不能呼叫转移到境外的号码。（　）

57. 开通三方通话的同时不需要开通呼叫保持和呼叫等待。（ ）

58. PUK码是用来解锁PIN码的，UIM卡的PUK码一般为4位。（ ）

59. UIM卡的PIN码一般为四位，连续三次输错PIN码，手机将自行锁卡。（ ）

60. 短信功能默认开通，不能取消。（ ）

61. 一条短信不能超过70个汉字，如果超过这个限制，会被拆成几个部分进行发送。（ ）

62. 若手机终端支持彩信功能，则境内漫游情况下可以发送彩信。（ ）

63. 若手机终端支持彩信功能，则境外漫游情况下可以发送彩信。（ ）

64. 客户申请基本语音业务的同时，不默认开通彩信业务功能，需要另外申请。（ ）

65. 使用易信任何功能均不缴纳功能费用，只需缴纳使用易信时产生的上网流量及通信费。（ ）

66. 翼之旅游客版月租费为5元/月。（ ）

67. 翼之旅促销版月租费为5元/月。（ ）

68. 院线通客户端适用于天翼手机用户和他网用户注册、购票。（ ）

69. 天翼手机用户在境内、境外发送短信至18918910000免费。（ ）

70. 用户在境外漫游期间，中国电信全球服务热线18918910000为用户提供7×24小时的免费人工服务。（ ）

71. 天翼手机在国际漫游时接收18918910000的短信需要付费。（ ）

72. 天翼手机改号次数不受限制。（ ）

73. 如原机主已申请办理了国际长途和国际漫游业务功能，过户时不用取消该类功能。（ ）

74. 异地补换卡不需机主本人办理，可以代办。（ ）

75. 2008年10月1日，中国电信正式承接CDMA网络。（ ）

76. 天翼手机客户办理拆机，60天后原号会重新被释放出来使用（可作为新入网开户使用）。（ ）

77. 天翼手机拆机当月按天收取套餐费。（ ）

78. 申请停机状态下，用户可以直接办理拆机。欠费停机状态下，用户需要缴清费用后，再办理拆机。（ ）

二、单项选择题

1. 2009 年（　　）月中国电信 3G 正式商用。

A. 3　B. 4　C. 5　D. 6

2. 爱音乐的官方网站为（　　）。

A. www.118100.com　B. www.118100.cn

C. www.118166.cn　D. www.118114.cn

3. 裸接入的后付费天翼手机的标准月租是（　　）元。

A. 20　B. 50　C. 30　D. 80

4. 天翼手机用户在中国境内发送境内短信，资费是（　　）元/条。

A. 0.1　B. 0.3　C. 0.8　D. 1.2

5. 天翼手机用户拆机可通过（　　）渠道办理。

A. 10000 号　B. 代理点

C. 有拆机业务的营业厅　D. 网上营业厅

6. 天翼手机用户呼叫转移到外地的号码的收费标准为（　　）。

A. 0.1 元/分+0.06 元/6 秒　B. 0.1 元/分

C. 0.1 元/分+0.07 元/6 秒　D. 0.06 元/6 秒

7. C 网手机异地补（换）卡的受理途径有（　　）。

A. 10000 号　B. 客户经理　C. 代理商　D. 营业厅

8. 无线宽带 Wi-Fi 上网的标准资费为（　　）。

A. 0.05 元/分　B. 0.000 3 元/KB

C. 0.1 元/分　D. 0.03 元/分

9. 189 邮箱的 Web 邮箱域名是（　　）。

A. mail.189.cn　B. mail.189.com

C. sn.189.cn　D. sn.189.com

10. 天翼手机用户在中国境内向境外发送短信，资费是（　　）元/条。

A. 0.1　B. 0.3　C. 0.8　D. 1.2

11. 下列选项中，关于天翼手机拨打 10000 号的说法，正确的是（　　）。

A. 天翼手机欠费停机时可以加区号拨打 10000 号

B. 深圳的天翼手机漫游到广州拨打当地 10000 号免费

C. 深圳的天翼手机漫游到广州拨打当地 10000 号收费

D. 深圳的天翼手机漫游到广州拨打深圳 10000 号收费

12. 当预付费用户账户余额小于 0 元，应暂停提供电信服务，并同时进入（　　）日的通话限制期。

A. 30　　B. 60　　C. 90　　D. 120

13. 天翼手机开通呼叫转移功能后，（　　）生效。

A. 立即　　B. 3 小时内　　C. 24 小时内　　D. 次月

14. 下载天翼视讯客户端需要缴纳的费用是（　　）。

A 通信费　　B. 功能费　　C. 免费　　D. 信息费

15. 天翼手机可以通过（　　）渠道开通呼叫转移功能。

A. 10000 号　　B. 代理商　　C. 营业厅　　D. 欢 go 网站

16. 天翼手机的来电显示功能月租是（　　）元。

A. 0　　B. 2　　C. 5　　D. 6

17. 天翼手机的三方通话功能月租是（　　）。

A. 0　　B. 2　　C. 5　　D. 6

18. UIM 卡的 PIN 码一般为四位，连续（　　）次输错 PIN 码，手机将自行锁卡。

A. 1　　B. 3　　C. 5　　D. 10

19. 天翼手机办理拆机后，（　　）生效。

A. 立即　　B. 3 小时内　　C. 24 小时内　　D. 次月

20. 发送国际短信的方法是（　　）。

A. 00+国家代码+手机号　　B. 直接输入手机号码

C. 00+手机号码　　D. 00+区号+号码

21. 手机 189 邮箱资费为（　　）。

A. 免费　　B. 5 元　　C. 10 元　　D. 15 元

22. 手机遇忙转移的设置方式为（　　）。

A. ＊90 被转号码接通键　　B. ＊92 被转号码接通键

C. ＊72 被转号码接通键　　D. ＊68 被转号码接通键

23. 电话提示用户输入 PIN 码时，用户需输入初始 PIN 码（　　），用户随时可以将 PIN 码改为容易记忆的 4 位数字。

A. 1234　　B. 8888　　C. 1111　　D. 0000

24. 国际漫游的服务网址是（　　）。

A. www. 189. cn　　B. manyou. ct10000. com

C. manyou. 189. cn　　D. manyou. ct10000. cn

25. MMS 信息指的是（ ）。

A. 短信 B. 长短信 C. 彩信 D. SP 短信

26. 中国移动 2G 采用的是（ ）技术。

A. CDMA1X B. GSM C. BREW D. TD-SCDMA

27. 中国联通 2G 采用的是（ ）技术。

A. CDMA1X B. GSM C. BREW D. WCDMA

28. 中国电信 2G 采用的是（ ）技术。

A. CDMA1X B. GSM C. CDMA2000 D. BREW

29. 天翼手机设置无应答呼叫前转，当呼叫（ ）秒无人接听会转移。

A. 0（立即） B. 3 C. 5 D. 20

30.（ ）属于天翼视讯提供的功能。

A. 直播 B. 点播 C. 下载 D. 以上选项都是

31. 天翼手机呼叫转到本地号码，资费是（ ）。

A. 0.1 元/分+0.06 元/6 秒 B. 0.1 元/分

C. 0.1 元/分+0.07 元/6 秒 D. 0.06 元/6 秒

32. 128K 的 UIM 卡可以存储（ ）个电话号码。

A. 100 B. 250 C. 500 D. 1000

33. 发送给天翼的短信，存储时间为（ ）小时。

A. 3 B. 24 C. 48 D. 72

34. 发送给移动的短信，存储时间为（ ）小时。

A. 3 B. 24 C. 48 D. 72

35. 对（ ）小时内累计发送超过 1 000 条短信的号码，中国电信强行关闭短信功能（ ）小时。

A. 24，24 B. 24，48 C. 48，24 D. 48，48

36. 中国移动 3G 采用的是（ ）技术。

A. WCDMA B. TD-SCDMA C. CDMA2000 D. BREW

37. 中国联通 3G 采用的是（ ）技术。

A. WCDMA B. TD-SCDMA C. CDMA2001 D. BREW

38.（ ）是指客户将 CDMA 号码使用权转让给另一个客户。

A. 入网 B. 过户 C. 改号 D. 业务变更

39. 中国电信天翼国际卡是中国电信移动电话用户在境外漫游时，在（　　）两种网络之间双向切换，并使用被访网络提供服务的产品。

A. CDMA 和 TD-SCDMA　　B. GSM 和 TD-SCDMA

C. CDMA 和 GSM　　D. PHS 和 CDMA

40. 中国电信 3G 采用的是（　　）技术。

A. WCDMA　　B. TD-SCDMA　　C. CDMA2000　　D. BREW

41.（　　）号码是中国电信的客户服务热线号码。

A. 10010　　B. 10050　　C. 10086　　D. 10000

42. 下列选项中，关于 10001 号的描述正确的是（　　）。

A. 10001 号是中国联通话费自助查询热线

B. 10001 号是中国铁通话费自助查询热线

C. 10001 号是中国电信自助服务热线

D. 10001 号是中国联通自助服务热线

43. 无线宽带中 WLAN 接入方式的最高速率可达（　　）。

A. 153.6K　　B. 10M　　C. 3.1M　　D. 54M

44.（　　）是中国电信针对天翼客户、我的 e 家客户、宽带客户推出的统一电子邮箱产品。

A. PushMail　　B. 189 邮箱　　C. 如意邮箱　　D. 163 邮箱

45. 下列选项中，关于天翼手机用户拨打异地移动电话的说法，正确的是（　　）。

A. 直接拨被叫电话号码

B. 需要在被叫移动用户的电话号码前加“0”

C. 需要在被叫移动用户的电话号码前加“00”

D. 需要在被叫移动用户的电话号码前加“1”

46. 国际漫游状态下，给中国境内手机发送短信的方式为（　　）。

A. 00+漫游国家或地区代码+手机号码

B. 直接发手机号码

C. 0086+手机号码

D. 无法发送

47. 国际漫游状态下，给一同漫游在境外的中国手机发送短信的方式为（　　）。

A. 00+漫游国家或地区代码+手机号码

B. 直接发手机号码

C. 0086手机号码

D. 无法发送

48. 国际漫游状态下，给漫游国家或地区当地手机发送短信的方式为（　　）。

A. 00+漫游国家或地区代码+手机号码

B. 直接发手机号码

C. 0086手机号码

D. 无法发送

49. 天翼手机呼叫转移功能可以和（　　）业务同时办理。

A. 个人通信助理　　B. 来电显示

C. 漏话提醒　　D. 旺铺助手

50. 中国电信国际漫游网上营业厅地址是（　　）。

A. manyou. 189.cn　　B. www.manyou.cn

C. www.12306.cn　　D. www.10000.com

51. 国际漫游出访时中国电信提供的全球免费服务热线号码为（　　）。

A. 1891891000　B. 18910000　C. 10000　D. 18918910000

52. 申请189邮箱的号码改号或注销，原189邮箱有效期为（　　）天。

A. 30　B. 60　C. 90　D. 120

53. 天翼手机改号可以通过（　　）渠道办理。

A. 网上营业厅　B. 10000号　C. 客户经理　D. 营业厅

54. 189号段可以改为（　　）号段。

A. 180　B. 181　C. 189　D. 177

55. 天翼手机可以通过（　　）渠道办理过户。

A. 网上营业厅　B. 营业厅　C. 客户经理　D. 欢go网站

56. 新天翼国际卡又称为（　　）。

A. 和记卡　B. 沃达丰卡　C. 翼机通卡　D. 龙卡

57.（　　）无法开通国际漫游功能。

A. 准预付费用户　　B. 无线宽带用户

C. IVPN用户　　D. 后付费用户

58. 用户在国际漫游状态下拨打（　　）是免费的。

A. 10000号　B. 4008电话　C. 10001号　D. 18918910000

59. 点对点彩信可发送不超过（　　）容量的内容。

A. 100K　　B. 200K　　C. 300K　　D. 500K

60. 彩信是中国电信多媒体消息服务的业务名称，它的英文缩写为（　　）。

A. WLAN　　B. SMS　　C. MMS　　D. CDMA

61. 短信可以传输（　　）信息。

A. 文本　　B. 声音　　C. 图片　　D. 视频

62. 当用户的手机不支持彩信功能，收到的彩信将会存储到（　　）中。同时，用户会收到短信提示消息，通知用户登录网站查看收到的彩信。

A. 手机短信　　B. 彩信相册　　C. 彩信邮箱　　D. 彩 e 邮箱

63. 正确的用户发送短信给境外的手机号码的操作方法是（　　）。

A. 00+对方国家或地区代码+对方手机

B. 对方国家或地区的国际接入码+对方国家或地区代码+对方手机号码

C. 对方国家或地区的国际接入码+86+对方手机号码

D. 00+86+对方手机号码

64. 在 CDMA2000 EVDO 网络环境下，用户可实现最高速率达（　　）的上网服务。（　　）

A. 1M　　B. 3.1M　　C. 4M　　D. 153.6K

65. 无线宽带中 3G 接入方式最高速率可达（　　）。

A. 153.6K　　B. 1M　　C. 3.1M　　D. 54M

66.（　　）的单月流量可结转。

A. 取消流量包　B. 订购流量包　C. 取消变更　　D. 变更套餐

67. 在中国境内向中国境外的移动运营商发送短信的资费标准是（　　）元/条。

A. 0.1　　B. 1.0　　C. 0.8　　D. 8.0

68. 下列选项中，（　　）不是 189 邮箱月租档次。

A. 0　　B. 5 元　　C. 10 元　　D. 15 元

三、多项选择题

1. 下列选项中，属于中国电信手机号段的是（　　）

A. 186　　B. 181　　C. 180　　D. 153

2. 下列选项中，关于天翼手机拨打 10000 号，说法不正确的是（　　）。

A. 天翼手机欠费停机时可以加区号拨打 10000 号

B. 深圳的天翼手机漫游到广州拨打当地 10000 号免费

C. 深圳的天翼手机漫游到广州拨打当地 10000 号收费

D. 深圳的天翼手机漫游到广州拨打深圳 10000 号收费

3. 属于国际卡的是（　　）。

A. 和记卡　　B. 沃达丰卡　　C. UIM 卡　　D. 以上三项都是

4. 用户在境外漫游时要求办理呼叫转移业务，可以转到（　　）。

A. 境内手机　　B. 境内固定电话

C. 境外电话　　D. 一同在境外漫游的境内手机

5. 用户在境外漫游时使用电信手机（　　）是免费的。

A. 拨打 18918910000　　B. 接听 18918910000 来电

C. 打回境内 10000 号　　D. 发送短信到 18918910000

6. 免预存用户可以通过（　　）渠道开通国际漫游。

A. 欢 go 网站　　B. 短信营业厅

C. 客户经理　　D. 营业厅

E. 10000 号

7. 属于移动业务三方通话的使用规则的是（　　）。

A. 功能费免费，通话费按后付费固定电话资费标准向各方收取

B. 使用三方通话需要同时开通呼叫等待和呼叫保持

C. 对于已经开通国际漫游的用户，如果要求开通三方通话（多方通话）功能，必须关闭用户国际漫游功能

8. 在（　　）使用中国电信手机拨打 18918910000 服务热线免费。

A. 广州　　B. 香港　　C. 加拿大　　D. 北京

9. 下列选项中，关于 3G 的描述，正确的是（　　）。

A. 3G，即第三代移动通信技术

B. 3G 跟 2G 相比，能够更好地处理图像、音乐、视频等多种媒体形式

C. 3G 能够提供包括网页、电话会议、电子商务等多种信息服务

D. 中国电信的 3G 技术是 TD-CDMA

10. CDMA 的优势与特点包括（　　）。

A. 网络覆盖广　　B. 抗干扰能力强

C. 绿色环保　　D. 价格低廉

11. 接入无线宽带 WLAN 网络的方式有（　　）。

A. 使用无线宽带客户端登录

B. 通过无线宽带 portal 页面登录

C. 通过无线宽带 C+W 统一认证客户端登录

12. 可以享受免保证金开通国际漫游的用户是（　　）。

A. 7 星用户　　B. 5 星用户　　C. 普通客户　　D. 6 星用户

13. 2013 年 12 月 4 日下午，工业和信息化部正式发放 4G 牌照，宣告我国通信行业进入 4G 时代。（　　）获得 4G 牌照。

A. 中国网通　　B. 中国电信　　C. 中国移动　　D. 中国联通

14. 天翼手机呼叫转移与（　　）业务不可以同时办理。

A. 个人通信助理　　B. 来电显示

C. 漏话提醒　　D. 旺铺助手

15. 当天翼手机处于（　　）状态时不能实现呼叫转移功能。

A. 欠费停机　　B. 正常　　C. 暂停

16. 院线通业务可以通过（　　）方式订购。

A. 院线通官方网站　　B. 114 语音热线

C. 院线通 WAP 网站　　D. 院线通手机客户端软件

17. 天翼手机可通过（　　）渠道开通呼叫转移功能。

A. 10000 号　　B. 营业厅　　C. 代理商　　D. 欢 go 网站

18. 天翼手机可以通过（　　）渠道开通来电显示功能。

A. 10000 号　　B. 营业厅　　C. 短信营业厅　　D. 欢 go 网站

19. 天翼手机可以通过（　　）渠道开通三方通话功能。

A. 代理商　　B. 营业厅　　C. 10000 号　　D. 欢 go 网站

20.（　　）用户可以使用翼支付。

A. 移动手机　　B. 联通手机

C. 电信 1700 号段手机　　D. 电信 1701 号段手机

21. 189 邮箱的特点包括（　　）。

A. 快速、安全、稳定　　B. 大容量、大附件

C. 移动办公，轻松便捷　　D. 邮件推送，快速及时

22. 天翼视讯产品的优势包括（　　）。

A. 实时选择　　B. 内容丰富　　C. 随身观看　　D. 高速连接

23. 用户在开通三方通话功能的同时要开通（　　）功能。

A. 呼叫保持　B. 来电显示　C. 呼叫转移　D. 呼叫等待

24. 用户如需正在通话的时候能够接听第三方打进来的电话，开通（　　）功能即可。

A. 呼叫转移　B. 呼叫保持　C. 呼叫等待　D. 来电显示

25. 天翼手机可以通过（　　）渠道开通呼叫保持、呼叫等待功能。

A. 代理商　B. 营业厅　C. 10000 号　D. 短信营业厅

26. 短信分为（　　）。

A. 点对点短信　B. SP 短信　C. 彩信　D. CP 短信

27. 彩信支持丰富的媒体功能，能够传递功能全面的内容和信息，包括（　　）等各种多媒体格式数据。

A. 文字　B. 图像　C. 声音　D. 视频

28. 第二代移动通信技术的主要制式分别为（　　）。

A. WCDMA　B. CDMA1X　C. GSM　D. TD-SCDMA

29. 第三代移动通信技术的三大标准分别为（　　）。

A. WCDMA　B. CDMA2000　C. TD-SCDMA　D. FDMA

30. 中国电信无线宽带的接入方式包括（　　）。

A. PPPOE　B. WLAN　C. CDMA1X　D. 3G

31. 下列选项中，对无线宽带的速率，说法正确的是（　　）。

A. 通过 WLAN 接入上网最高可达 64M

B. 通过 3G 接入上网最高可达 3.1M

C. 通过 1X 接入上网平均速度在 70K 至 110K

D. 在 1X 网络下，最高速度为 153.6K

32. 第三代移动通信系统的三种主要制式为（　　）。

A. WCDMA　B. EDGE　C. TD-SCDMA　D. CDMA2000

33.（　　）用户可以使用 189 邮箱。

A. 中国铁通固定电话　B. 中国电信手机

C. 中国联通手机　D. 中国移动手机

34.（　　）用户可以免预存办理国际漫游业务。

A. 红名单　B. 银行托收

C. I 类　D. 7 星、6 星、5 星

E. 绿名单

35. C 网用户可使用的功能包括（　　）。

A. 来电显示　B. 七彩铃音　C. 呼叫等待　D. 呼叫转移

36. 漫游包括（　　）

A. 省内漫游　B. 省际漫游　C. 国际漫游　D. 以上都是

37. 用户可以通过（　　）方式使用天翼视讯业务。

A. 点播　B. 直播（含回看）

C. 下载播放　D. 录播

38. CDMA 的优势与特点包括（　　）。

A. 覆盖广　B. 辐射低　C. 保密强　D. 通话清晰

39. 189 邮箱的月租有（　　）。

A. 0　B. 5 元　C. 15 元　D. 20 元

40. 189 邮箱的费用包括（　　）。

A. 月租费　B. 开户费　C. 一次性费用　D. 通信流量费

41. 流量转赠的对象为（　　）用户。

A. 省内天翼 3G 手机　B. 省内天翼 4G 手机

C. 国内天翼 3G 手机　D. 国内天翼 4G 手机

42. 流量转赠不可以通过（　　）渠道办理。

A. 欢 go 网站　B. 营业厅

C.“广东天翼”手机客户端　D. 短信营业厅

43. 国际长途可以通过（　　）渠道办理。

A. 10000 号　B. 营业厅　C. 掌上营业厅　D. 客户经理

44. 需要预存 500 元的用户可以通过（　　）渠道开通国际漫游。

A. 10000 号　B. 营业厅　C. 欢 go 网站　D. 客户经理

45. 如果用户漫游的国家或地区只有 G 网网络，用户需使用（　　）才可以开通 GSM 网络漫游。

A. 双模手机　B. C 网手机

C. G 网手机　D. 以上选项都正确

46. 国际漫游需同时为客户开通国际长途功能，并确保（　　）基础业务的正常开通。

A. 来电显示　B. 呼叫等待和呼叫保持

C. 呼叫前转　D. 短信

47. 下列选项中，关于天翼手机过户的说法，正确的是（　　）。

A. 无线宽带时长套餐用户不能办理过户

B. 无线宽带时长套餐用户能办理过户

C. 过户号码产生的积分可以过户

D. 过户号码产生的积分不能过户

48. 下列选项中，关于天翼手机停机的说法，正确的是（　　）。

A. 普通手机用户，申请停机当月（或动态月）收取整月套餐或基本月租费加停机保号费

B. 普通手机用户，申请停机当月（或动态月）收取整月套餐或基本月租费，不再收取停机保号费

C. 整月停机，收取 5 元/月的停机保号费

D. 复机当月按天收取套餐费或基本月租费

49. 天翼手机可以通过（　　）渠道改银行账号。

A. 代理商　　B. 营业厅　　C. 欢 go 网站　　D. 10000 号

50.（　　）属于天翼视讯提供的功能。

A. 直播　　B. 点播　　C. 下载　　D. 以上选项都是

51. 可以通过拨打 10000 号直接开通境外漫游业务的客户类型有（　　）。

A. 钻石卡客户　B. 金卡客户　C. 银卡客户　D. 银行托收客户

附录 4　中国电信账务类业务复习题库

一、判断题

1. 11888 充值付费卡只能为中国电信手机付费。（　　）

2. 用户在一天内使用充值付费卡输入 5 次错误账号密码后，将会被锁卡。（　　）

3. 用户在一天内使用充值付费卡输入 10 次错误账号密码后，将会被锁卡。（　　）

4. 中国电信充值付费卡是为了方便客户对中国电信预付费业务、后付费业务以及支付业务充值付费而提供的一类电信卡产品。（　　）

5. 充值付费卡输错密码被锁 48 小时后自动解锁。（ ）

6. 充值付费卡输错密码被锁 24 小时后自动解锁。（ ）

7. 动态月结就是每月 1 日 00:00 至当月最后一日 24:00。（ ）

8. 用户逾期不缴纳电信费用的，中国电信将按照所欠费用每日加收 0.3%的违约金。（ ）

9. 用户逾期不缴纳电信费用的，中国电信将按照所欠费用每日加收 3%的违约金。（ ）

10. 发票具备消费解释的功能。（ ）

11. 用户只能到指定营业厅网点自取增值税专用发票。（ ）

12. 增值税专用发票可以投递给用户。（ ）

13. 营业厅一次性最多可打印最近 3 个月内的增值税专用发票。（ ）

14. 营业厅一次性最多可打印最近 6 个月内的增值税专用发票。（ ）

15. 一次性费用发票是指用户办理业务时一次性缴纳的费用的发票，如终端设备费、工料费、调测费等。（ ）

16. 月结费用通过银行账号划扣的，在扣费且销账成功后，电子发票于 10 天左右自动推送。（ ）

17. 用户月结费用通过银行账号划扣的，在扣费且销账成功后，电子发票于 10 个工作日自动推送。（ ）

18. 预付费用户在网上营业厅成功缴纳一次性费用后如需要发票，凭缴费号码机主的证件原件到各大电信营业厅代打印电子发票。（ ）

19. 后付费用户在网上营业厅成功缴纳一次性费用后如需要发票，系统不会自动推送，用户需使用订单编码查询后开具电子发票。（ ）

20. 对后付费用户通过网上营业厅缴纳一次性费用的，电信公司不提供一次性费用发票。（ ）

21. 对预付费用户通过网上营业厅缴纳一次性费用的，电信公司不提供一次性费用发票。（ ）

22. 新装包年套餐一次性费用选择月结出具发票的，电信公司只能开具月结电子发票，不提供一次性电子发票。（ ）

23. 新装包年套餐一次性费用选择月结出具发票的，电信公司可以再补打一次性发票。（ ）

24. 电信公司可以向预付费宽带用户提供账单。（ ）

25. 电信公司不向预付费宽带用户提供账单。（ ）

26. 10000 号人工提供清单查询服务。（ ）

27. 10000 号人工不提供清单查询服务。（ ）

28. 电信公司提供最近 6 个月的清单供用户查询。（ ）

29. 用户办理新装能以用户外地的银行账号作为托收账号。（ ）

30. 对于新装未扣款的在线订单，如用户需更改银行账号，系统支持将其改为信用卡账号。（ ）

31. 对于新装未扣款的在线订单，如用户需更改银行账号，系统暂无法支持将其改为信用卡账号。（ ）

32. 11888 充值付费卡可分为国卡、省卡。（ ）

33. 充值付费卡可以分多次使用，并反复充值。（ ）

34. 11888 充值卡国卡序列号第 4 位是 1。（ ）

35. 11888 充值卡国卡序列号第 4 位是 2。（ ）

36. 11888 充值卡省卡序列号第 4 位是 1。（ ）

37. 11888 充值卡省卡序列号第 4 位是 2。（ ）

38. 套餐使用不足提醒，即系统每月 20 日对上网流量、时长不足套餐 50%的用户进行提醒。（ ）

二、单项选择题

1. 后付费公众固定电话用户的信控等级是（ ）。

A. 1B-50　B. 1A-0　C. 1A-100　D. 1A-200

2. 公众用户后付费单宽带的信控等级是（ ）。

A. 1B-50　B. 1A-0　C. 1A-100　D. 1A-200

3. 7 星用户临时信用额度可以新增（ ）元。

A. 50　B. 100　C. 200　D. 300

4. 6 星用户临时信用额度可以新增（ ）元。

A. 50　B. 100　C. 200　D. 300

5. 5 星用户临时信用额度可以新增（ ）元。

A. 50　B. 100　C. 200　D. 300

6. 4 星及以下用户临时信用额度可以新增（ ）元。

A. 50　B. 100　C. 200　D. 300

7. 7 星用户临时信用额度的有效期是（ ）天。

A. 1　B. 3　C. 5　D. 7

8. 6 星用户临时信用额度的有效期是（　　）天。

A. 1　　B. 3　　C. 5　　D. 7

9. 5 星用户临时信用额度的有效期是（　　）天。

A. 1　　B. 3　　C. 5　　D. 7

10. 4 星及以下用户临时信用额度的有效期是（　　）天。

A. 1　　B. 3　　C. 5　　D. 7

11. 营业厅一次性最多可打印最近（　　）个月内的增值税专用发票。

A. 1　　B. 3　　C. 6　　D. 12

12. 中国电信充值付费的拨号为（　　）。

A. 10000　　B. 11888　　C. 10086　　D. 10010

13. 免费 189 邮箱可提供的天翼云上传附件需小于（　　）。

A. 1G　　B. 2G　　C. 4G　　D. 500M

14. 中国电信充值付费卡不可以为（　　）用户充值。

A. 小灵通　　B. 电信固定电话业务

C. 宽带业务　　D. 所有手机

15. 预付费宽带每月（　　）扣月租。

A. 1 日　　B. 不固定　　C. 15 日　　D. 6 日

16. 预付费手机采取动态月结方式，激活时间是 8 月 29 日，该手机以后每月（　　）扣月租。

A. 29 日　　B. 28 日　　C. 1 日　　D. 6 日

17. 以缴费期 10 天的后付费固定电话 7 月份账期为例，7 月份的费用在（　　）不缴会单停。

A. 8 月 13 日　　B. 9 月 10 日　　C. 9 月 13 日　　D. 8 月 10 日

18. 以缴费期 10 天的后付费固定电话 7 月份账期为例，7 月份的费用在（　　）不缴会双停。

A. 8 月 13 日　　B. 9 月 10 日　　C. 9 月 13 日　　D. 8 月 10 日

19. 以缴费期 10 天的后付费天翼手机 7 月份账期为例，7 月份的费用在（　　）不缴会单停。

A. 8 月 13 日　　B. 9 月 10 日　　C. 9 月 13 日　　D. 8 月 18 日

20. 以缴费期 10 天的后付费天翼手机 7 月份账期为例，7 月份的费用在（　　）不缴会双停。

A. 8 月 13 日　　B. 9 月 10 日　　C. 9 月 13 日　　D. 8 月 18 日

21. 以缴费期 10 天的后付费固定电话 7 月份账期为例，7 月份的费用在（　　）不缴会欠费拆机。

A. 10 月 13 日　B. 11 月 10 日　C. 11 月 13 日　D. 10 月 10 日

22. 以缴费期 10 天的后付费天翼手机 7 月份账期为例，7 月份的费用在（　　）不缴会欠费拆机。

A. 10 月 13 日　B. 11 月 10 日　C. 11 月 13 日　D. 10 月 18 日

23. 后付费天翼手机单停（　　）天后双停。

A. 1　B. 3　C. 5　D. 7

24. 中国电信只提供（　　）时限内的一次性发票补开。

A. 1 年　B. 半年　C. 3 个月　D. 5 个月

25. 用户在欢 go 网站可以补打近（　　）的月结费用电子普通发票。

A. 半年　B. 3 个月　C. 5 个月　D. 7 个月

26. 对于已申请电子账单投递的用户，中国电信会在出账成功后的每月（　　）开始发送电子账单。

A. 10 日　B. 6 日　C. 15 日　D. 13 日

27. 一次性发票可以补打（　　）次。

A. 1　B. 2　C. 3　D. 次数不限制

28. 已申请电子账单的用户，（　　）会收到电子账单。

A. 10 日至 13 日 B. 10 日至 15 日 C. 13 日至 18 日 D. 6 日开始

29. 短信清单适用于（　　）用户。

A. 固定电话　B. 天翼手机　C. 宽带　D. 小灵通

30. 增值清单不适用于（　　）用户。

A. 固定电话　B. 天翼手机　C. 宽带　D. 小灵通

31. 在网上营业厅查询的天翼手机清单与 CMR 同步，一般会有（　　）小时左右的延时。

A. 3　B. 5　C. 6　D. 24

32. 深信 e 付通目前不支持电信（　　）业务费用的缴纳。

A. 一次性费用　B. 实时欠费

C. 后付费业务的月结欠费　D. 以上选项都不支持

33. 深信 e 付通支付链接和支付号的有效期是一样的。例如，5 月 1 日生成的请求，（　　）前有效。

A. 5 月 2 日 24 点　B. 5 月 1 日 24 点

C. 5 月 2 日 12 点　D. 5 月 1 日 12 点

34. 针对一次性费用欠费的用户，系统每天只送托一次，最多送托（　　）次，超过则需人工触发扣费。

A. 30　B. 35　C. 40　D. 45

35. 空中充值不适用于（　　）用户。

A. 普通公众固定电话　B. 普通公众宽带

C. 普通公众天翼手机　D. 普通政企宽带

36. 后付费用户单次空中充值金额不低于（　　）元。

A. 1　B. 10　C. 30　D. 3000

37. 预付费用户单次空中充值金额不低于（　　）元。

A. 1　B. 10　C. 30　D. 3000

38. 催缴外呼号码优先级顺序为（　　）。

A. 合同号下天翼号码、联系电话上手机号码、合同号下固定电话、联系电话上固定电话号码

B. 合同号下天翼号码、合同号下固定电话、联系电话上手机号码、联系电话上固定电话号码

C. 合同号下天翼号码、联系电话上固定电话号码、联系电话上手机号码、合同号下固定电话

D. 联系电话上手机号码、合同号下天翼号码、合同号下固定电话、联系电话上固定电话号码

三、多项选择题

1. 信控的适用对象是（　　）。

A. 后付费公众固定电话用户　B. 后付费公众单宽用户

C. 后付费天翼手机客户　D. 后付费政企固定电话用户

2. 下列选项中，关于发票变更信息正确的是（　　）。

A. 若扣费前更改则当月就可以生效

B. 若扣费成功则要到下一扣费账期生效

C. 若扣费前更改则要到下一扣费账期生效

D. 若扣费成功则当月就可以生效

3. 语音清单适用于（　　）用户。

A. 固定电话　B. 天翼手机　C. 宽带　D. 小灵通

4. 短信清单不适用于（　　）用户。

A. 固定电话　B. 天翼手机　C. 宽带　D. 小灵通

5. 数据清单适用于（　　）用户。

A. 固定电话　B. 天翼手机　C. 宽带　D. 小灵通

6. 增值清单适用于（　　）用户。

A. 固定电话　B. 天翼手机　C. 宽带　D. 小灵通

7. 语音清单不适用于（　　）用户。

A. 固定电话　B. 天翼手机　C. 宽带　D. 小灵通

8. 数据清单不适用于（　　）用户。

A. 固定电话　B. 天翼手机　C. 宽带　D. 小灵通

9. 深信 e 付通目前支持电信（　　）业务费用的缴纳。

A. 一次性费用　B. 实时欠费

C. 后付费业务的月结欠费　D. 预付费业务的欠费

10. 深信 e 付通通过（　　）等渠道将支付信息推送给用户。

A. 短信　B. 邮件　C. 易信　D. 微信

11. 支持电信业务托收的信用卡有（　　）信用卡。

A. 农业银行　B. 招商银行　C. 建设银行　D. 平安银行

12. 电信催缴方式包括（　　）。

A. 语音催缴　B. 短信催缴提醒

C. 人工催缴　D. 律师函追缴

附录 5　中国电信客户品牌复习题库

一、判断题

1. 中国电信目前有天翼、号码百事通、商务领航三款套餐体系。（　　）
2. 天翼领航面向家庭客户提供全方位综合信息服务。（　　）
3. 我的 e 家面向企业客户提供服务。（　　）

二、单项选择题

1. 下列选项中，关于 e9 自主版套餐，说法正确的是（　　）。

A. e9 自主版套餐由固定电话、宽带和手机组成

B. e9 自主版套餐由固定电话、宽带组成

C. e9 自主版套餐只有一个手机

D. e9 自主版套餐由宽带和手机组成

2. 天翼领航是中国电信的客户品牌，品牌下包含三版应用。不属于三版应用的是（　　）。

A. 通信应用　　B. 行业应用　　C. 信息应用　　D. 服务应用

3. 我的 e 家的英文名称是（　　）。

A. MY-E-FAMILY　　B. MY-E-HOME

C. E-HOME　　D. ONEHOME

4. 天翼领航包括信息应用类、通信应用类和（　　）三大类产品。

A. 行业应用类　　B. 网络应用类

C. 数据应用类　　D. 下载应用类

5. 产品主体只包含宽带和天翼手机两项业务的是（　　）套餐。

A. e6　　B. e8　　C. e9　　D. 尊享 e8

6. 下列选项中，属于天翼品牌套餐的是（　　）。

A. 动感地带　　B. 乐享 4G 套餐

C. 家校通　　D. 以上选项都正确

7. e8 套餐由（　　）组成。

A. 固定电话+宽带+手机　　B. 固定电话+宽带

C. 宽带+手机　　D. 固定电话+手机

8. 中国电信面向家庭客户的品牌是（　　）。

A. 互联星空　　B. 号码百事通　　C. 我的 e 家　　D. 天翼领航

9. 以下套餐系列中，不包含移动语音元素的套餐是（　　）。

A. e6 加装版　　B. e8

C. e9 自主版　　D. 以上选项都正确

三、多项选择题

1. 中国电信目前有（　　）三款套餐体系，分别对应中国电信的三大客户品牌。

A. 无线宽带　　B. 天翼套餐　　C. 号码百事通　D. 我的 e 家

E. 商务领航

2. 天翼领航套餐按业务特征分为（　　）。

A. 通信应用版　B. 信息应用版　C. 娱乐应用版　D. 行业应用版

3. 中国电信三大客户品牌是（　　）。

A. 天翼套餐　　B. 天翼领航　　C. 我的 e 家　　D. 天翼云

4. e9 套餐是（　　）+（　　）+固定电话（可选）组合的一个套餐。

A. 手机　　　　B. 小灵通　　　C. 有线宽带　　D. 无线宽带

附录 6　中国电信星级服务和中国电信客户密码复习题库

一、判断题

1. 定级成长值≥8 000，评为 8 星会员。（　　）

2. 定级成长值≥8 000，评为 7 星会员。（　　）

3. 8 000>定级成长值≥6 000，评为 6 星会员。（　　）

4. 2 300>定级成长值≥1 500，评为 3 星会员。（　　）

5. 星级服务中星级最高为 7 星，星级越高，会员可享受的服务权益越多。（　　）

6. 符合资格的星级会员每月可获得 1 次手机紧急开机服务。（　　）

7. 5~7 星级会员每次手机紧急开机服务时间限定为 7 天内。（　　）

8. 申请当月为有限信用且基本信用额度大于零的移动后付费用户才可以办理紧急开机或临时授信。（　　）

9. 临时授信属账期内服务，用户存在过了缴费期的欠费时，不允许办理紧急开机或临时授信。（　　）

10. 5 星会员换卡的次数为 1 人次/自然年。（　　）

11. 7 星会员换卡的次数为 3 人次/自然年。（　　）

12. 临时授信服务给 7 星会员的额度为 300 元，每月 1 次。（　　）

13. 临时授信服务给 6 星会员的额度为 200 元，每月 1 次。（　　）

14. 临时授信服务给 5 星会员的额度为 100 元，每月 1 次。（　　）

15. 临时授信服务给 4 星以下会员的额度为 50 元，每月 1 次。（　　）

16. 6 星和 7 星会员可享受宽带、固定电话本地网内移机免移机费用，每会员 1 次/年。（　　）

17. 无线组网服务是指工作人员上门为用户进行无线网络（Wi-Fi）设置、无线网络故障检测以及无线网络的操作常识辅导，不包括因终端损坏所带来的终端维修和更换服务等。（　　）

18. 定级成长值≥7 000 分，评为 7 星会员。（　　）

19. 9 600>定级成长值≥6 000，评为 6 星会员。（　　）

20. 6 000>定级成长值≥3 600，评为 5 星会员。（　　）

21. 星级最高为 6 星，星级越高，会员可享受的服务权益越多。（　　）

22. 符合资格的会员每月可获得多次紧急开机服务。（　　）

23. 5~7 星会员每次紧急开机服务时间限定为 5 天内。（　　）

24. 临时授信属账期内服务，用户存在过了缴费期的欠费时，也可以提高临时信用额度。（　　）

25. 7 星会员换卡的次数为 2 人次/自然年。（　　）

26. 临时授信服务给 7 星会员的额度为 200 元，每月 1 次。（　　）

27. 临时授信服务给 5 星会员的额度为 200 元，每月 1 次。（　　）

28. 临时授信服务给 4 星以下会员的额度为 50 元，每月多次。（　　）

29. 5~7 星会员可享受宽带、固定电话本地网内移机免移机费用，每会员 1 次/年。（　　）

30. 7 星会员的积分倍数为 7 倍。（　　）

31. 6 星会员的积分倍数为 4 倍。（　　）

32. 客户积分计划是中国电信为答谢广大客户长期以来的支持与厚爱，推出的一项客户回馈服务，积分可以用来兑换多种礼品、电信产品和服务。（　　）

33. 预付费用户可以参与客户积分计划。（　　）

34. 赠送类业务不可以参与客户积分计划。（　　）

35. 代收费类业务参与消费积分计算。（　　）

36. 由用户消费产生的积分，按照每消费 1 元钱的电信业务积 1 原始分计算，再按星级权益进行倍增。用户每月缴费后，系统自动计算当月积分并累积。 ( )

37. 消费积分，每 1 元积 1 分，不足 1 元不积分。 ( )

38. 赠送类业务参与消费积分计算。 ( )

39. 代收费类业务不参与消费积分计算。 ( )

40. 违约金参与消费积分计算。 ( )

41. 工料费不参与消费积分计算。 ( )

42. 调测费不参与消费积分计算。 ( )

43. 手续费等一次性费用参与消费积分计算。 ( )

44. 用户通过电视终端直接兑换积分，工号显示为 IPTV。 ( )

45. 用户通过欢 go 网站兑换积分，工号显示为 ESWSYYT。 ( )

46. 客户密码是指电信公司面向客户编码提供的在电信系统中验证客户身份的一组 6 位数字序列，它是客户办理、修改、查询电信业务的身份凭证。 ( )

47. 同一客户编码可以有两个客户密码。 ( )

48. 同一客户编码只能有一个客户密码。 ( )

49. 单装广东 IPTV 用户可以使用 10000 号自助方式激活或重置客户密码。 ( )

50. 单装广东 IPTV 用户可以使用网上营业厅等自助方式激活或重置客户密码。 ( )

51. 香港身份证可以通过 10000 号或 10001 号自助热线进行客户密码激活或重置。 ( )

52. 护照不可以通过 10000 号或 10001 号自助热线进行客户密码激活或重置。 ( )

53. 号码在停机状态下（含主动停机及欠费停机）不可以通过 10000 号自助热线或 10001 号自助热线进行客户密码重置。 ( )

54. 移机不改号的旧号（接入号码）可以通过 10000 号自助热线或 10001 号自助热线进行客户密码的各项操作，如重置、修改等。 ( )

55. 宽带用户在网上营业厅重置客户密码，需在本人宽带线路上通过检测后才能办理。 ( )

56. 用户使用名下天翼手机发送“6011#机主姓名#证件号码#新客户密码”至10000号，重置密码。（ ）

57. 用户可以用本机发送“6011#新密码”至10001号，按提示进行二次验证后即可重置密码。（ ）

二、单项选择题

1. 定级成长值≥8 000分，评为（ ）会员。

A. 4星 B. 5星 C. 6星 D. 7星

2. 临时授信服务给7星会员的额度为（ ）元，每月1次。

A. 50 B. 100 C. 200 D. 300

3. 5~7星会员每次紧急开机服务时间限定为（ ）天内。

A. 3 B. 5 C. 7 D. 31

4. 临时授信服务给6星会员的额度为（ ）元，每月1次。

A. 50 B. 100 C. 200 D. 300

5. 8 000>定级成长值≥6 000，评为（ ）会员。

A. 4星 B. 5星 C. 6星 D. 7星

6. 临时授信服务给5星会员的额度为（ ）元，每月1次。

A. 50 B. 100 C. 200 D. 300

7. 4 000≤定级成长值<6 000，评为（ ）会员。

A. 4星 B. 5星 C. 6星 D. 7星

8. 符合资格的星级会员每月可获得（ ）次手机紧急开机服务。

A. 1 B. 2 C. 3 D. 多

9. 临时授信服务给4星会员的额度为（ ）元，每月1次。

A. 50 B. 100 C. 200 D. 300

10. 7星会员客户名下其中一个号码按自然年免费移机（ ）次，目前系统可以实现自动减免。

A. 1 B. 2 C. 3 D. 多

11. 用户发短信兑换积分，工号显示为（ ）。

A. ESBEJJLB B. ESBDXYYT

C. ESWSYYT D. ESBZSYYT

12. 用户通过掌上营业厅兑换积分，工号显示为（ ）。

A. ESBEJJLB B. ESBDXYYT

C. ESWSYYT D. ESBZSYYT

13. 同一客户编码可以有（　　）个客户密码。

A. 1　　B. 2　　C. 3　　D. 多

14. 单装广东 IPTV 用户可以通过（　　）途径激活客户密码。

A. 10000 号　　B. 营业厅　　C. 欢 go 网站　　D. 客户经理

15. 非政企客户的客户修改密码需要提供（　　）。

A. 同名下任一号码　　B. 证件号码

C. 机主名称　　D. 客户密码

16. 非政企客户的客户取消密码需要提供（　　）。

A. 同名下任一号码　　B. 证件号码

C. 机主名称　　D. 客户密码

17. 实名制用户通过 10000 号或 10001 号自助热线激活或重置客户密码时，如身份证件最后一位是“X”，以（　　）代替。

A. 1　　B. 2　　C. #　　D. *

18. 在欢 go 网站激活客户密码需要提供（　　）。

A. 身份证　　B. 军官证

C. 护照　　D. 港澳通行证

19. 不同级别的用户享有不同的免费补 UIM 卡次数，7 星会员一年内可以享受（　　）次。

A. 3　　B. 2　　C. 1　　D. 不限次数

三、多项选择题

1. 免费换卡是针对（　　）会员的服务。

A. 4 星　　B. 5 星　　C. 6 星　　D. 7 星

2. 固定电话、宽带免费移机是针对（　　）会员的服务。

A. 4 星　　B. 5 星　　C. 6 星　　D. 7 星

3. 营业厅优先办理服务是针对（　　）会员的服务。

A. 4 星　　B. 5 星　　C. 6 星　　D. 7 星

4. 宽带紧急复机服务是针对（　　）会员的服务。

A. 4 星　　B. 5 星　　C. 6 星　　D. 7 星

5. 免保证金开通国际漫游是针对（　　）会员的服务。

A. 4 星　　B. 5 星　　C. 6 星　　D. 7 星

6. 手机紧急开机（临时授信）是针对（　　）会员的服务。

A. 4 星　　B. 5 星　　C. 6 星　　D. 7 星

7. 星级客户服务经理是针对（　　）会员的服务。

A. 4 星　　B. 5 星　　C. 6 星　　D. 7 星

8.（　　）不可以参与客户积分计划。

A. 预付费客户　B. 公话客户　C. IP 超市客户

D. 中高端（月消费 3 000 元及以上）政企客户

E. 党政军客户

9.（　　）费用不参加消费积分计算。

A. 赠送类业务　　B. 代收费类业务

C. 违约金　　D. 工料费

E. 通话费

10. 客户密码的申请途径有（　　）。

A. 微信　　B. 欢 go 网站　　C. 掌上营业厅　D. 客户经理

E. 短信营业厅

11. 实名制的非政企用户通过 10000 号激活密码需要提供（　　）。

A. 同名下任一号码　　B. 证件号码

C. 机主名称　　D. 银行账号

12. 非实名制的个人用户通过 10000 号进行密码重置需要提供（　　）。

A. 本机　　B. 同名下任一号码

C. 证件号码　　D. 最近 3 个月内充值记录

13. （　　）不可以通过 10000 号或 10001 号自助热线进行客户密码激活或重置。

A. 军官证　　B. 护照　　C. 香港身份证　D. 机主身份证

14. 宽带用户在网上营业厅需要通过验证（　　）后才可以激活密码。

A. ADSL 宽带账号　　B. 拨号密码

C. 证件号码　　D. 本人宽带线路

15. 政企客户到营业厅重置客户密码需要提供（　　）。

A. 盖公章的营业执照复印件　　B. 经办人身份证件

C. 法定代表人的身份证　　D. 法定代表人需到场

附录 7 参考答案

中国电信固定电话业务复习题库

一、判断题

1.（错误）	2.（错误）	3.（正确）	4.（正确）	5.（错误）
6.（正确）	7.（错误）	8.（正确）	9.（正确）	10.（错误）
11.（错误）	12.（错误）	13.（正确）	14.（错误）	15.（正确）
16.（正确）	17.（错误）	18.（正确）	19.（错误）	20.（错误）
21.（错误）	22.（正确）	23.（错误）	24.（正确）	25.（正确）
26.（错误）	27.（错误）	28.（正确）	29.（错误）	30.（正确）
31.（正确）	32.（错误）	33.（错误）	34.（正确）	35.（错误）
36.（错误）	37.（正确）	38.（错误）	39.（正确）	40.（错误）
41.（正确）	42.（错误）	43.（正确）	44.（错误）	45.（正确）
46.（正确）	47.（正确）	48.（错误）	49.（错误）	50.（正确）
51.（正确）	52.（错误）	53.（错误）	54.（正确）	55.（错误）
56.（错误）	57.（错误）	58.（正确）		

二、单项选择题

1.（A）	2.（B）	3.（C）	4.（D）	5.（C）
6.（A）	7.（D）	8.（A）	9.（B）	10.（B）
11.（A）	12.（C）	13.（B）	14.（A）	15.（C）
16.（D）	17.（A）	18.（D）	19.（B）	20.（B）
21.（A）	22.（C）	23.（A）	24.（A）	25.（D）
26.（D）	27.（A）	28.（A）	29.（C）	30.（D）
31.（A）	32.（B）	33.（A）	34.（D）	35.（A）
36.（B）	37.（D）	38.（A）	39.（C）	40.（B）
41.（D）	42.（C）	43.（B）	44.（A）	45.（B）
46.（A）	47.（D）	48.（C）	49.（D）	50.（C）
51.（C）	52.（B）	53.（A）	54.（A）	

三、多项选择题

1.（AB） 2.（BC） 3.（ACD） 4.（ABD） 5.（AB）
6.（ABCD） 7.（BCD） 8.（AC） 9.（ABC） 10.（ABC）
11.（ABC） 12.（CD） 13.（ACD） 14.（ABC） 15.（ABD）
16.（ABD） 17.（BC） 18.（BC） 19.（BD） 20.（AD）
21.（BCD） 22.（ABC） 23.（ABCD） 24.（BCD） 25.（ACD）
26.（ABD） 27.（ABCD） 28.（ACD） 29.（BCD） 30.（AE）
31.（ABC） 32.（CD）

中国电信宽带业务复习题库

一、判断题

1.（正确） 2.（错误） 3.（正确） 4.（正确） 5.（错误）
6.（正确） 7.（错误） 8.（错误） 9.（正确） 10.（错误）
11.（错误） 12.（正确） 13.（错误） 14.（正确） 15.（错误）
16.（正确） 17.（正确） 18.（错误） 19.（错误） 20.（错误）
21.（错误） 22.（错误） 23.（错误） 24.（正确） 25.（错误）
26.（正确） 27.（错误） 28.（正确） 29.（正确） 30.（错误）
31.（正确） 32.（错误） 33.（错误） 34.（错误） 35.（正确）
36.（正确） 37.（正确） 38.（错误） 39.（正确） 40.（错误）

二、单项选择题

1.（B） 2.（C） 3.（B） 4.（C） 5.（D）
6.（A） 7.（B） 8.（C） 9.（B） 10.（C）
11.（A） 12.（D） 13.（C） 14.（C） 15.（B）
16.（A） 17.（C） 18.（C） 19.（D） 20.（D）
21.（C） 22.（C） 23.（B） 24.（C） 25.（A）
26.（D） 27.（C） 28.（C） 29.（A） 30.（B）
31.（D） 32.（B） 33.（A） 34.（B） 35.（B）
36.（B）

三、多项选择题

1.（ABD） 2.（ABCD） 3.（ABC） 4.（ABCD） 5.（ABD）
6.（BCD） 7.（BCD） 8.（ACD） 9.（ABD） 10.（ABCD）

11.（ABCD） 12.（AB） 13.（ABC） 14.（AB） 15.（BC）
16.（ABCD） 17.（ABD） 18.（ACD） 19.（ABD）

中国电信移动业务复习题库

一、判断题

1.（正确） 2.（正确） 3.（正确） 4.（正确） 5.（错误）
6.（错误） 7.（错误） 8.（正确） 9.（正确） 10.（错误）
11.（正确） 12.（正确） 13.（正确） 14.（正确） 15.（正确）
16.（错误） 17.（正确） 18.（错误） 19.（正确） 20.（正确）
21.（正确） 22.（错误） 23.（正确） 24.（错误） 25.（正确）
26.（错误） 27.（正确） 28.（错误） 29.（正确） 30.（错误）
31.（正确） 32.（错误） 33.（正确） 34.（错误） 35.（正确）
36.（错误） 37.（正确） 38.（正确） 39.（错误） 40.（正确）
41.（正确） 42.（错误） 43.（错误） 44.（正确） 45.（错误）
46.（错误） 47.（正确） 48.（正确） 49.（错误） 50.（错误）
51.（错误） 52.（正确） 53.（正确） 54.（错误） 55.（错误）
56.（正确） 57.（错误） 58.（错误） 59.（正确） 60.（错误）
61.（正确） 62.（正确） 63.（错误） 64.（错误） 65.（正确）
66.（错误） 67.（正确） 68.（错误） 69.（正确） 70.（正确）
71.（错误） 72.（正确） 73.（错误） 74.（错误） 75.（正确）
76.（错误） 77.（错误） 78.（正确）

二、单项选择题

1.（A） 2.（B） 3.（B） 4.（A） 5.（C）
6.（A） 7.（D） 8.（D） 9.（A） 10.（C）
11.（B） 12.（C） 13.（C） 14.（A） 15.（B）
16.（D） 17.（A） 18.（B） 19.（C） 20.（A）
21.（D） 22.（A） 23.（A） 24.（C） 25.（C）
26.（B） 27.（B） 28.（A） 29.（D） 30.（D）
31.（B） 32.（D） 33.（C） 34.（B） 35.（B）
36.（B） 37.（A） 38.（B） 39.（C） 40.（C）
41.（D） 42.（C） 43.（B） 44.（B） 45.（A）

46.（B）	47.（B）	48.（A）	49.（B）	50.（A）
51.（D）	52.（C）	53.（D）	54.（C）	55.（B）
56.（B）	57.（B）	58.（D）	59.（C）	60.（C）
61.（A）	62.（B）	63.（A）	64.（B）	65.（C）
66.（B）	67.（C）	68.（D）		

三、多项选择题

1.（BCD）	2.（ACD）	3.（AB）	4.（ABD）	5.（ABD）
6.（ABCDE）	7.（AB）	8.（ABCD）	9.（ABC）	10.（ABC）
11.（ABC）	12.（ABD）	13.（BCD）	14.（ACD）	15.（AC）
16.（ACD）	17.（ABD）	18.（ABCD）	19.（BCD）	20.（ABC）
21.（ABCD）	22.（ABCD）	23.（AD）	24.（BC）	25.（BCD）
26.（ABD）	27.（ABC）	28.（BC）	29.（ABC）	30.（BCD）
31.（BD）	32.（ACD）	33.（BCD）	34.（BCDE）	35.（ABCD）
36.（ABCD）	37.（ABC）	38.（ABCD）	39.（ABD）	40.（ACD）
41.（AB）	42.（ABD）	43.（ABD）	44.（BCD）	45.（AC）
46.（ABCD）	47.（AD）	48.（BC）	49.（BD）	50.（ABCD）
51.（ABCD）				

中国电信账务类业务复习题库

一、判断题

1.（错误）	2.（错误）	3.（正确）	4.（正确）	5.（错误）
6.（正确）	7.（错误）	8.（正确）	9.（错误）	10.（错误）
11.（正确）	12.（错误）	13.（错误）	14.（正确）	15.（正确）
16.（错误）	17.（正确）	18.（错误）	19.（正确）	20.（错误）
21.（错误）	22.（正确）	23.（错误）	24.（错误）	25.（正确）
26.（错误）	27.（正确）	28.（正确）	29.（错误）	30.（错误）
31.（正确）	32.（正确）	33.（错误）	34.（正确）	35.（错误）
36.（错误）	37.（正确）	38.（正确）		

二、单项选择题

1.（A）	2.（C）	3.（D）	4.（C）	5.（B）
6.（A）	7.（D）	8.（D）	9.（D）	10.（B）

11.（C） 12.（B） 13.（C） 14.（D） 15.[illegible]

16.（B） 17.（A） 18.（C） 19.（A） 20.[illegible]

21.（C） 22.（D） 23.（C） 24.（A） 25.（A）

26.（B） 27.（D） 28.（D） 29.（B） 30.（D）

31.（C） 32.（B） 33.（A） 34.（C） 35.（D）

36.（B） 37.（C） 38.（A）

三、多项选择题

1.（ABC） 2.（AB） 3.（AB） 4.（ACD） 5.（BC）

6.（ABC） 7.（CD） 8.（AD） 9.（AC） 10.（ABCD）

11.（BCD） 12.（ABCD）

中国电信客户品牌复习题库

一、判断题

1.（错误） 2.（错误） 3.（错误）

二、单项选择题

1.（B） 2.（D） 3.（D） 4.（A） 5.（C）

6.（B） 7.（B） 8.（C） 9.（B）

三、多项选择题

1.（BDE） 2.（ABD） 3.（ABC） 4.（AC）

中国电信星级服务和中国电信客户密码复习题库

一、判断题

1.（错误） 2.（正确） 3.（正确） 4.（正确） 5.（正确）

6.（正确） 7.（正确） 8.（正确） 9.（正确） 10.（正确）

11.（错误） 12.（正确） 13.（正确） 14.（正确） 15.（正确）

16.（正确） 17.（正确） 18.（错误） 19.（错误） 20.（错误）

21.（错误） 22.（错误） 23.（错误） 24.（错误） 25.（错误）

26.（错误） 27.（错误） 28.（错误） 29.（错误） 30.（错误）

31.（正确） 32.（正确） 33.（错误） 34.（正确） 35.（错误）

36.（正确） 37.（正确） 38.（错误） 39.（正确） 40.（错误）

41.（正确） 42.（正确） 43.（错误） 44.（正确） 45.（正确）

46.（正确） 47.（错误） 48.（正确） 49.（错

51.（错误） 52.（正确） 53.（错误） 54.（

56.（错误） 57.（正确）

二、单项选择题

1.（D） 2.（D） 3.（C） 4.（C） 5.（

6.（B） 7.（A） 8.（A） 9.（A） 10.（A）

11.（B） 12.（D） 13.（A） 14.（B） 15.（D）

16.（D） 17.（D） 18.（A） 19.（A）

三、多项选择题

1.（BCD） 2.（CD） 3.（BCD） 4.（BCD） 5.（BCD）

6.（ABCD） 7.（ABCD） 8.（ABCDE） 9.（ABCD） 10.（ABCE）

11.（AB） 12.（AD） 13.（ABC） 14.（ABCD） 15.（AB）